Ute Lauterbach

Kopf frei!

14 Tipps, wie Sie eingefahrene
Kommunikationsmuster verlassen

Kösel

Verlagsgruppe Random House FSC-DEU-0100
Das für dieses Buch verwendete FSC®-zertifizierte Papier
Classic 95 liefert Stora Enso, Finnland.

Copyright © 2011 Kösel-Verlag, München,
in der Verlagsgruppe Random House GmbH
Umschlag: Kaselow Design, München
Umschlagmotiv: mauritius images/Helga Bühler
Druck und Bindung: GGP Media GmbH, Pößneck
Printed in Germany
ISBN 978-3-466-30932-0

www.koesel.de

Inhalt

Geleit- und Begleitwort ... 7

Sich freireden ... 8

Gesprächszwangsverläufe beobachten ... 11

Die Navigationssysteme des Menschen ... 21

Sprache und Sprechen – der Masterkey? ... 27

Entstehung und Zielsetzung des Kommunikationsmodells ... 30

Die Trainingspunkte ... 31

1. Bei-sich-Sein als Kontakt- und Gegenwartsgarantie ... 33
2. Neue Sprache, neue Wege im Gehirn ... 41
3. Geschichten erzählen, aber anders ... 45
4. Hintergrund der Kommentare zum Offensichtlichen erspüren ... 57
5. Festlegende Äußerungen unter die Lupe nehmen ... 62
6. Psychologisieren durch Verständnis ersetzen ... 68
7. Nicht über Abwesende auf Kosten Anwesender sprechen ... 75
8. Assoziationen, Wissenskonserve und Meinungskram mit Vorsicht genießen ... 80
9. Chatterer, Blogger, Second-Lifer verwandeln sich ... 87

10. Sprücheklopperei großzügig versenken	95
11. Befindlichkeit als Kontakt- und Gegenwartsanker nutzen	102
12. Den Alltag bewältigen und gestalten	109
13. Quatsch machen, fantasieren, einander necken	114
14. Sich dem Wesentlichen durch gedankliche Vertiefung öffnen	122
Philosophisches Hinterstübchen	129
Alle Trainingspunkte auf einen Blick	135
Über die Autorin	139

Geleit- und Begleitwort

Um es direkt auf den Punkt zu bringen: Mit diesem Buch können Sie sich durch eine andere Art der Kommunikation zu einem freien Kopf navigieren. Es hilft, mit unseren unfreiwilligen Gedanken anders umzugehen. Beharrlichkeit bei diesem Unterfangen kann uns sogar in der Glückseligkeit absetzen. Das Vorgehen ist einfach und zugleich anspruchsvoll.
Vier Ziele erreicht das vorgestellte Kopf-frei-Kommunikationsmodell:

1. Es stellt echten Kontakt her.
2. Es lässt Sie mehr in der Gegenwart leben.
3. Es macht Sie und Ihr Gegenüber glücklicher.
4. Es befreit Sie.

Hugo taucht immer wieder auf. Er übt mit Lotti das beschriebene Kommunikationsmodell ein. Ob Sie sich mit Hugo oder Lotti identifizieren, weiß ich nicht. Aber im Endeffekt ist sowieso alles Tutti Lotti.

Sich freireden

Der Mensch ist das, was er den ganzen Tag denkt.
Ralph Waldo Emerson

1. Auftritt Hugo

Seine vorvorletzte Geliebte, seine vorletzte, seine letzte ebenso, sie alle befanden, dass Hugo zwar nett sei, viele gute Eigenschaften habe – nur reden, das ginge überhaupt nicht mit ihm. Es hat ihn stutzig gemacht, dass seine drei Verflossenen ihn alle aus demselben Grund verlassen haben. Man könne nicht mit ihm reden! Dabei redet er gerne und viel. Ihm fällt immer etwas ein. Kein Thema, bei dem er nicht mitreden könnte. Komisch. Da stimmt doch irgendetwas nicht. Soll er in Therapie gehen? Meditieren? Was ist los mit seinem Sprechen? Oder gar mit seinem Denken?? Schlimmer kann es eigentlich nicht werden. Hugo will diese neue Art zu kommunizieren lernen. Unbedingt. Er hat eine Auszeit genommen und sitzt jetzt Lotti gegenüber. Sie ist seine Trainerin. Sie ist irgendwie komisch. Sie sei die erste Matriarchin der westlichen Zen-Dynastie. Dabei ist sie ganz locker und lustig. Hugo muss aufpassen, dass er sich nicht in sie verliebt. Gerade erläutert sie ihm, worum es in diesem Training geht:
»Es wird eine Weile dauern, bis du die Praxis beherrschst. Das Training umfasst 14 Schritte, wobei sich jeder Schritt aus folgenden Phasen zusammensetzt: In der ersten Phase geht es darum, Kommunikationsabläufe bei anderen zu beobachten. In der zweiten Phase beobachtest du dein eigenes Sprechen und Denken und übst parallel jeweils einen Schritt ein.« »Oh, das klingt anstrengend. Ich habe keine Lust zu üben und an mir zu arbeiten.«
Lotti reagiert mit einer ihrer irritierenden Bemerkungen: »Wenn du willst, kannst du dich anstrengen oder es einfach tun.«

Hugo denkt, dass das Theater in seinen Beziehungen wahrscheinlich anstrengender ist als jedes Programm mit Lotti. So bleibt er guter Dinge.
Ermunternd fügt Lotti hinzu: »Es geht übrigens um viel mehr als das Einüben anderer Sprechgewohnheiten.« »Aha! Worum geht's denn im Kern?« »Es geht darum, durch ein anderes Sprechverhalten den Geist in selbstbestimmte Bahnen zu lenken, anstatt von Denkgewohnheiten und neuronalen Fixspuren fremdbestimmt zu werden. Das heißt, im Kern geht es darum, sich vollständig zu befreien.«
In Lottis Dynastie herrscht Ordnung. Hugo unterhält sich mit Lotti über seinen Stand und Werdegang immer nach der Präsentation und den ersten Erfahrungen mit den einzelnen Übungsschritten.
In Lottis Einführung geht es darum, dass Gegenwart volles Leben ist. Sie führt aus:
»Wo dein Verstand ist, da ist deine Energie. Das bedeutet, wenn du im Gespräch egozentrisch um dich selbst kreist, kann kein wirklicher Austausch stattfinden. Wenn du in der Zukunft oder Vergangenheit hirnst, bist du mit deiner Energie nicht in der einzigen Zeit, die du unmittelbar zur Verfügung hast: nämlich der Gegenwart. Zwar ist es nützlich, Erfahrungen der Vergangenheit konstruktiv für Gegenwart und Zukunft auszuschlachten – allein ein unerquickliches Verweilen in der Vergangenheit ist abträglich. Du verpasst die Gegenwart auch, wenn du dich in Problemen drehst. Iss ein leckeres Stück Torte und denk dabei intensiv an die verletzende Bemerkung des Nachbarn ... Du wirst die Torte nicht genießen können, weil sich dein Geist von dem, was jetzt gerade ist – nämlich Torte – verabschiedet hat.«
Lotti hält inne. Hugo ahnt, was seine Geliebten vertrieben haben könnte. Aber er ist sich keiner Schuld bewusst. Denn seine Gedanken und damit seine Worte stellen sich immer ganz automatisch ein. Einerlei, ob es um den Urlaub in Schweden, Krampfadern oder Saugdruckpumpen geht.

Sprechen und Denken

Lotti bestätigt den Zusammenhang zwischen Sprechen und geistiger Aktivität. Sie fragt Hugo, ob er denn wirklich auf jeden Anreiz hin über Schweden, Krampfadern oder Saugdruckpumpen sprechen wolle. Hugo: »Ja, mein Urlaub in Schweden war total verregnet. Ich musste mir eine Regenjacke …« »Stopp!«, sagt Lotti. »Das ist keine Antwort auf meine Frage, sondern vermutlich Text, der deine Geliebten in die Flucht geschlagen hat.«
Huch! Hugo fühlt sich ertappt. Er hat sogar die Frage vergessen. Lotti wiederholt die Frage und erklärt Hugo, dass er gerade nur noch um sich und seine Schweden-Assoziationen kreist. Sie als Gesprächspartnerin sei außen vor. Schon wieder hat sie ihn ertappt. Eigentlich will Hugo gar nicht so automatisch sprechen. Aber die Gedanken kommen einfach. Lotti bestätigt: »Stimmt, unser Gehirn ist so strukturiert. Die Frage ist nur, ob wir das Gehirn benutzen oder das Gehirn uns.« Hugo möchte lieber Herr in seinem Kopf sein. Lotti: »Deshalb machst du dieses Training. Da Gesprochenes auffälliger ist als nur Gedachtes, werden wir es als Erstes einer kontakt- und gegenwartsfördernden Schulung unterwerfen. Die Kür ist, später auch das still Gedachte in den Freiwilligkeitsbereich, eben einen bewusst gewählten, zu ziehen. So lernst du, dich freizureden!«
Das klingt verlockend: sich freireden! Zunächst geht es einfach darum, Gesprächszwangsverläufe zu beobachten.
Lotti stellt die Aufgabe: »Fang damit an, dass du dir vergegenwärtigst, wie sich Gespräche in der Regel fast von selbst und meist ohne Eigenbestimmung bilden. Es ist sehr aufschlussreich, ein oder zwei Wochen lang wahrzunehmen und zu fühlen, wie es um Kontakt, wirklichen Austausch, Gegenwart, Nähe und Lebendigkeit in ›normalen‹ Alltagsgesprächen bestellt ist.«
Damit ist Hugo für die nächste Woche beschäftigt.

Gesprächszwangsverläufe beobachten

Nicht nur Hugo, sondern auch wir beschäftigen uns mit seiner Aufgabe. Schauen wir von der Metaebene aus auf folgendes Gespräch:

Egon und Marion – Klappe, die erste

EGON: Mein Name ist »Künstler«.

MARION *(fragt, obwohl sie die Antwort nicht wirklich interessiert):* Heißen Sie nur so oder sind Sie auch ein Künstler?

EGON: Ich habe ein paar Kohlezeichnungen gemacht, nichts Erhebliches.

MARION *(driftet assoziierend in ihre Vergangenheit):* Ich erinnere mich an die Zeit, als Oma noch mit Kohlen geheizt hat.

EGON *(antwortet noch mal auf die ursprüngliche Frage):* Früher sollte ich ein Instrument lernen – Blockflöte. Es war schrecklich. Ich habe die Flöte dann heimlich weggeworfen und gesagt, sie sei mir verloren gegangen. Das war zum Glück das Ende der Tortur.

MARION *(etwas genervt und spitz, weil Egons Ausführung sie langweilt):* Ich liebe Musik. Gerade Flötenklänge – Piccoloflöte, herrlich! Habe mir jetzt eine neue Anlage gekauft. Da hat man doch 'ne ganz andere Soundqualität.

EGON *(fühlt sich übergangen und macht Marions Begeisterung für Technik runter):* Für Technik habe ich gar keinen Sinn. Die wird eh immer komplizierter und man muss zehn Stunden Gebrauchsanweisung lesen, bis man den modernsten Wecker bedienen kann.

MARION *(fühlt sich unwohl und kontert)*: Ich schlafe immer aus. Habe mir mein Leben so eingerichtet.

EGON *(ungehalten)*: Dass Sie immer ausschlafen, hat doch nichts mit meinem Einwand der Technik gegenüber zu tun.

MARION *(greift Egon direkt an)*: Jetzt werden Sie nicht patzig. Ich werde doch wohl noch sagen können, was ich will, und ausschlafen können. Sie sind wohl neidisch.

EGON *(fühlt sich missverstanden, will mit gutem Abgang das Gespräch beenden, weil er aber verletzt ist, baut er noch zu schlechter Letzt eine Spitze ein.)*: Ja, dann schlafen Sie weiter gut; ich habe jetzt noch einen Termin und muss mich verabschieden.

MARION *(ihrerseits verletzt)*: Die Terminhetzerei habe ich in meinem Leben schon lange abgeschafft.

EGON *(bissig)*: Wichtige Menschen haben halt noch Termine. Guten Tag!

Wir sehen, dass dieses Gespräch zunächst harmlos anfängt, aber schnell bar jeder echten Kommunikation ist. Das Ende vom Lied: Beide gehen mit Unbehagen aus dem Gespräch. Es hat kein befriedigender Austausch stattgefunden. Die beiden sind an unbewussten Automatismen gescheitert.

In diesem Beispiel haben sich die Gesprächspartner ungut ineinander verhakelt. Fantasieren wir eine erfolgreiche Variante des Gesprächs von Egon und Marion:

Egon und Marion – Klappe, die zweite

EGON: Mein Name ist »Künstler«.
(Marion spürt zunächst einmal, was sie an Herrn Künstler wirklich interessiert, wodurch eine echte Austauschmöglichkeit vorbereitet ist.)
MARION: Mir fällt auf, dass Sie ein sehr schönes und ungewöhnliches Hemd anhaben.
EGON *(erzählt nicht die Geschichte vom Hemd, sondern spürt, was Marions Worte in ihm auslösen)*: Es freut mich, dass es Ihnen gefällt.
MARION *(spürt weiteres Interesse an dem Hemd)*: Wo haben Sie es erstanden?
EGON: Ich habe es mir in Indien schneidern lassen.
MARION: Nach Ihren eigenen Vorgaben?
EGON: Ja.
MARION *(ist wirklich beeindruckt, weil sie das Hemd außergewöhnlich findet)*: Sie haben wirklich einen guten Geschmack. Sind Sie Modedesigner?
EGON *(spürt durch den Kontakt mit sich und daher mit ihr, was ihre Worte bewirken)*: Sie machen mich ein wenig verlegen. Ich danke Ihnen für die Wertschätzung meines Geschmacks. Ich bin Innenarchitekt. Gestaltung und Design sind mein Steckenpferd. Und doch ist, was die Natur hervorbringt, mitunter das Schönste. So gefällt mir der Wohlklang Ihrer Stimme.
MARION: Ich danke Ihnen und bin jetzt auch ein bisschen verlegen. Darf ich Sie um einen Gefallen bitten?
EGON: Ja, natürlich.
MARION: Ich würde mich gerne mit Ihnen an meiner Seite neu einkleiden.
EGON *(fühlt sich durch diesen Wunsch geschmeichelt, weiß aber, dass er ihm aus zeitlichen Gründen vorerst nicht entsprechen kann)*: Die Idee ist wunderbar. Ich fühle mich geradezu geehrt und danke Ihnen. In den nächsten Monaten bin ich jedoch kaum abkömmlich, rufe Sie aber gerne an, sowie ich Zeit habe.

MARION: Ja, das wäre schön. Das verlängert die Vorfreude.
EGON *(ist gerührt, weil Marion seinen augenblicklichen Zeitmangel nicht persönlich nimmt. Deshalb beschließt er, ihr in den nächsten Tagen sein Hemd zu schicken.)*: Vorher werden Sie eine kleine Überraschung von mir erhalten …

Und wenn sie nicht gestorben sind, dann lieben sie sich noch heute … Für den Erfolg der gelingenden Variante dieses Gesprächs ist weichenstellend, dass beide immer wieder spüren und ausdrücken, was sie gegenwärtig fühlen, wahrnehmen und was sie interessiert. Dadurch landen sie sowohl im Kontakt als auch in der Gegenwart. Der Knüller ist natürlich, dass ein derart bewusst gestaltetes Gespräch weder Zwangsverläufe enthält noch gegenseitige Verletzungen provoziert.

Frau Knödel und Frau Möllich

Betrachten wir ein harmloseres, weil unverhakeltes Beispiel eines ebenfalls misslingenden Gesprächs. Die Wertung »misslungen« ergibt sich aus der Definition, lebendiges Sprechen verwirkliche echten Kontakt und verbinde mit der Gegenwart. Es unterhalten sich zwei Nachbarinnen.

FRAU KNÖDEL: Was kochen Sie denn heute?
FRAU MÖLLICH: Pfannkuchen – das mögen die Kinder immer.
FRAU KNÖDEL: Meine beiden sind grad mit der Oma auf Sylt.
FRAU MÖLLICH: Ich bin kein Fan von Sylt. Das Mittelmeer ist mir lieber.
FRAU KNÖDEL: Ich war das letzte Mal vor fünf oder sechs Jahren am Mittelmeer. Das war das Jahr, in dem mein Mann diese blöde Sommergrippe hatte.
FRAU MÖLLICH: Also wir reisen immer mit der Reiseapotheke!
FRAU KNÖDEL: Er hatte die Grippe daheim, nach dem Urlaub.
FRAU MÖLLICH: Trotzdem geht nichts über eine Reiseapotheke.

FRAU KNÖDEL: Haben Sie auch schon gehört, dass an der Ecke Römerwall und Lichweg eine neue Apotheke eröffnet wird? Dann haben wir zehn Apotheken in unserer Stadt. Ist doch wahnsinnig viel.
FRAU MÖLLICH: Meine Mutter schwört auf Wadenwickel.
FRAU KNÖDEL: Da sagen Sie was! Wollte ich meinem Mann auch machen. Wadenwickel. Es endete damit, dass das ganze Bett nass war.
FRAU MÖLLICH: Kann man nur froh sein, wenn die Kinder keine Bettnässer sind. Muss ja furchtbar sein. Bei meiner Tante wohnte nebenan eine Frau, deren Kind bis zum achten Lebensjahr ins Bett gemacht hat. Die Tante wohnt in Heidelberg.
FRAU KNÖDEL: Wo Sie's sagen, jetzt ist übrigens Heidelbeerzeit ...

Das Gespräch geht endlos so weiter. Markant ist, dass die beiden immer wieder einen Aspekt aufgreifen, um ihn als Hölzchen für ihr Stöckchen zu benutzen. Der Gesprächseröffnungsfehler von Frau Knödel ist, dass sie gar nicht wirklich interessiert, was Frau Möllich zu kochen gedenkt. Sie fragt nur, um etwas zu sagen. Jedweder Kontakt wird bereits im Keim erstickt. Es zeigt sich:

> *Nur wenn wir Kontakt zu uns selbst haben, ist eine Landefläche für den anderen bei uns vorhanden. Kontakt zu uns können wir immer nur jetzt haben.*

Udo und Ina – Klappe, die erste

Betrachten wir einen Verhakelungshit schlimmster Sorte. Udo und Ina, ein Liebespaar, sitzen in einem Straßencafé. Ina hatte vor zwei Stunden ein gutes und wichtiges Gespräch mit ihrer Professorin. Sie erinnert sich gerade an eine einfühlsame und witzige Bemerkung, die diese gemacht hatte. Ina lacht unvermittelt auf. Udo missdeutet ihr Lachen und bezieht es auf sich.

UDO: Auslachen kann ich mich auch selber, dazu brauch ich nicht mit dir im Café zu sitzen. Am liebsten würde ich jetzt weggehen.

INA *(fällt aus allen Wolken, weil ihr nichts ferner liegt, als den Geliebten auszulachen. Daher ihre Erklärung)*: Ich habe dich doch nicht ausgelacht, sondern mich nur an eine witzige Bemerkung meiner Professorin erinnert.

UDO: Du nimmst mich einfach nicht wahr! Sitzt hier und denkst an deine Professorin.

INA: Aber du nimmst mich wahr, wenn du noch nicht mal zwischen Auslachen und Erinnerungsauflachen unterscheiden kannst. Außerdem fühle ich mich supermäßig wahrgenommen, wenn du es überhaupt für möglich hältst, dass ich dich auslachen könnte. Es liegt gar nicht in meinem Charakter, andere auszulachen. Aber du drehst ja so um dein eigenes Leid, deine eigenen Fantasien, dass diese Eigenheiten meines Wesens nicht bis zu deiner Wahrnehmung vordringen können. Aber das kenne ich schon: Meine Mutter hat mich auch nie wahrgenommen, nie gewusst, wie ich bin.

UDO: Ich hatte noch nicht mal eine Mutter! Vollwaise war ich mit vier Jahren!

Von der Metaebene aus betrachtet, sehen wir, was schiefgelaufen ist. Die Abfahrt in die Hölle beginnt mit Udos Glaube, seine Deutung, er würde ausgelacht, sei richtig. Deshalb wirft er Ina vor, sie habe ihn ausgelacht. Er krönt seinen ungerechten Vorwurf mit der Drohung, weggehen zu wollen. Damit zieht er eines der schlimmsten Register, die in einer Liebesbeziehung denkbar sind. Ina deckt den Hintergrund ihres Lachens auf. Ohne Erfolg, denn Udo rast bereits in seinem Schmerzzug durch die Lande und strickt aus Inas Erklärung einen neuen Vorwurf: Sie nehme ihn nicht wahr. Jetzt ist der Projektionsmechanismus in voller Blüte. Udo ist als Gefangener seines eigenen Schmerzes seinerseits nicht in der Lage, Ina wahrzunehmen. Inzwischen ist auch seine Geliebte verletzt und schlägt mit Ironie zurück. Sie macht ihn darauf aufmerksam, inwiefern *sie* sich nicht wahrgenommen fühlt. Sie wird an einen eigenen Schmerz erinnert und bringt ihn zum Ausdruck: Sie wurde von ihrer Mutter nicht wahrgenommen. Udos Schmerzexpress ist nicht zu stoppen, weshalb er wieder nicht in der Lage ist, sich auf Ina einzulassen und *ihr* Raum zu geben. So holt er zum Kontaktvernichtungsgipfel aus, indem er Inas Schmerz, nicht wahrgenommen worden zu sein, nicht nur nicht versteht, sondern für gering erklärt, indem er mit seiner noch härteren Situation als Vollwaise auftrumpft. Ein eskalierendes Schmerzduell ohne Begegnung, ohne Kontakt, ohne Gegenwart! Was hier tobt, ist lediglich eine Wiederauflage von Vergangenheitsmist.

Udo und Ina – Klappe, die zweite

Wie hätte das Gespräch Kontakt verheißend verlaufen können? Die beiden sitzen also im Straßencafé. Ina erinnert sich an die witzige Bemerkung und lacht auf. Udo deutet, sie lache ihn aus. Das ist die kritische Stelle. Wenn er nämlich seine Deutung für die Realität hält, läuft das Gespräch wie oben dargestellt. Udo reagiert im Grunde auf seine Deutung und nicht auf das, was wirklich ist. Ist er sich jedoch dessen bewusst, dass seine Wahrnehmung möglicherweise eine Fehldeutung ist, hat er einen Gesprächs-Gestaltungsspielraum. Und zwar so:

UDO: Huch, was veranlasst dich zu lachen?

INA: Ich war eben bei meiner Professorin, wir sprachen über meine Arbeit und sie hat eine lustige Bemerkung gemacht, die mir soeben wieder in den Sinn kam. Außerdem war sie voll des Lobes, weshalb ich vielleicht auch ein bisschen übermütig bin gerade. Ich könnte dich vor lauter Glück in die Luft werfen – oder vernaschen.

UDO *(spürt, wie sich seine Not auflöst, kann Inas Freude teilen und ist dankbar, dass die Gegenwart nicht so schrecklich ist, wie ihn seine Vergangenheit fürchten ließ)*: Ach, toll, ich freue mich mit dir, und Vernaschen ist keine schlechte Idee. Ich fühle mich gerade so erleichtert und stolz.

INA: Interessante Kombination! Wieso denn?

UDO: Erleichtert, weil mein interner Vergangenheits-Auslachfilm nicht stimmt, und stolz, weil ich noch wacher und schneller war als mein Fehldeutungszwang.

INA: Schatz, das könntest du mir noch genauer erklären, wenn du magst. Bis jetzt hab ich kapiert, dass du irgendwie über dich selbst gesiegt hast und wir somit beide Grund zum Feiern haben.

UDO: Wenn ich gut nachspüre, ist mir das Feiern jetzt wichtiger als das Auseinanderpopeln meines Psychomülls.

So könnte eine unverstrickte und kontaktinnige Variante des Gesprächs aussehen. Halten wir als Fazit fest:

▸ Kontakt und Gegenwart sind verloren, wenn wir nicht bei dem innehalten, was jetzt gerade ist.
▸ Sie sind verloren, wenn wir uns von oberflächlichen Assoziationen zu Verbal-Outputs reizen lassen.
▸ Außerdem haben sie keine Chance, wenn wir uns verhakeln und Altlast durch unsere Seele tobt.

> Kontakt, Gegenwart und Glück werden ebenfalls im Keim erstickt, wenn wir auf schmerzliche Deutungen verstrickt reagieren, anstatt sie auf ihre Richtigkeit zu überprüfen.

Oder positiv formuliert:

> *Je mehr wir uns selbst wahrnehmen, umso inniger und authentischer sind unsere Kontakte, umso mehr leben wir in der Gegenwart und umso glücklicher sind wir.*

Dieses Fazit ist die Essenz meines Kopf-frei-Kommunikationsmodells. Der später folgende »Trainingskatalog« zeigt, wie wir diverse Klippen im Gespräch umschiffen und durch neue Fahrwasser zu labenden Kontakten und mehr Freude finden. Auf dass wahr werde: Anders reden – besser leben!

2. Auftritt Hugo

Hugo hat – ähnlich wie wir – viele Gespräche zusammen mit Lotti beobachtet. Er ist nachdenklich, um nicht zu sagen, niedergeschlagen. Er ist beinahe davon überzeugt, dass es sicherer ist, überhaupt nicht mehr zu sprechen. Er fragt sich, ob er es jemals schaffen wird, nicht mehr Opfer seiner Automatismen zu werden. Ist es überhaupt möglich, anders zu sein, als man ist? Lotti fragt: »Wie bist du denn?« »Anscheinend so, wie ich spreche.« »Sprichst du immer automatisch?« »Ich glaube nicht, aber bin nicht mehr so sicher«, ist seine Antwort. »Überleg mal: Wann fühlt sich dein Sprechen entspannt an?« Hugo denkt nach und sagt dann: »Jetzt zum Beispiel.« Lotti: »Was ist jetzt anders als sonst?« »Ich beziehe mich auf dich. Ich bin bei dem Gedanken, den wir besprechen, und nicht bei meinem Wissen und meinen Erinnerungen oder Assoziationen. Ich bin hier mit dir in der Gegenwart.« »Genau darum geht es beim Kopf-frei-Kommunikationstraining. Gibt es noch andere Gesprächssituationen, in denen du den Kopf eher frei hast und dich leicht fühlst und im Kontakt bist mit deinem Gegenüber?« »Ja«, sagt Hugo, »immer wenn ich mit jemandem lache und Spaß mache.« Lotti zieht folgendes Fazit: »Du bist also nicht immer Opfer deiner Muster, sondern der Ausstieg aus Gesprächszwangsverläufen ist möglich.« Hugos Erkenntnis ist inzwischen, dass er am sichersten in die Falle seiner Konditionierungen gerät, wenn er verstrickt ist. Dann nimmt er auch nicht mehr objektiv wahr. Ziel wäre also, sich selbst, seinen Mustern, seinen Gewohnheiten und emotionalen Süchten nicht mehr auf den Leim zu gehen.

Aber wieso verstrickt er sich so rasant schnell und deutet dann entsprechend falsch? Welche Teufel reiten ihn?

Es sind dieselben Teufel, die uns alle reiten. Die Formel gelingender Gespräche lautet:

> *Je freier der Kopf,*
> *desto erfüllender die*
> *Kommunikation.*

Anders gesagt: Je besser wir drauf sind, desto wohltuender sind unsere Gespräche und Kontakte. Effizient und schön, dass uns das Streben nach einem freien Kopf obendrein mit gelingender Kommunikation belohnt! Daher der Name: Kopf-frei-Kommunikationsmodell. Betrachten wir das im nächsten Kapitel genauer.

Die Navigationssysteme des Menschen

Der Verstand setzt das Universum zusammen, das das Auge dann sieht.
Henryk Skolimowski

Lotti fragt: »Hugo, wie geht es dir? Wie bist du drauf?« »Ganz gut, ich bin gespannt auf deine neuen Erklärungen.« »Also gut, ich erzähle dir jetzt, wie du deine Befindlichkeit auf einer Skala einordnen kannst. Deine jeweilige Befindlichkeit bestimmt dein Lebensgefühl. Anhand der Bewusstseinsskala auf Seite 22 kannst du das ganze Spektrum deiner Befindlichkeit differenzieren.« Lotti fährt fort: »Du siehst, dass die Bewusstseinsskala von 0 bis 100 reicht. Sie zeigt, wie frei oder eben nicht frei dein Kopf ist. Bist du innerlich am Anschlag, dann hast du null Abstand zu dir und zum Leben. Und du hast null seelischen Spielraum. Diesen Punkt am linken Ende der Bewusstseinsskala nenne ich ›Nullinger‹.« »Aha«, unterbricht Hugo »das ist wohl der Augenblick, wenn in der Beziehung die Teller fliegen, Telefonate weggedrückt werden, wenn Jähzorn ausbricht.« »Stimmt, das passiert am Nullinger. Weiter auf der Skala! In seltenen, seligen Augenblicken ist dein Kopf ganz frei. Dann jubelt dein Herz. Du hast größtmöglichen Abstand zu allen Verstrickungen und deshalb volle Sicht – full sight. Und du erlebst totale innere Fülle. Daher der Punkt ›Fullinger‹ am rechten Ende der Skala. Kennst du den auch?«
»Ich kenne Momente der Verzückung, wenn ich Musik höre. Als wenn meine Seele ganz weit würde. Dann ist mir, als könnte ich die ganze Welt umarmen.« »Ja, das klingt nach einem Fullinger-Erlebnis«, fährt Lotti fort. »Genau in der Mitte beginnt oder endet die Gelassenheit. Die neutrale Mitte erlebst du als *KippPunkt* ganz markant, wenn dir deine Gelassenheit abhandenkommt, wenn du vom

Das Spektrum der Befindlichkeit

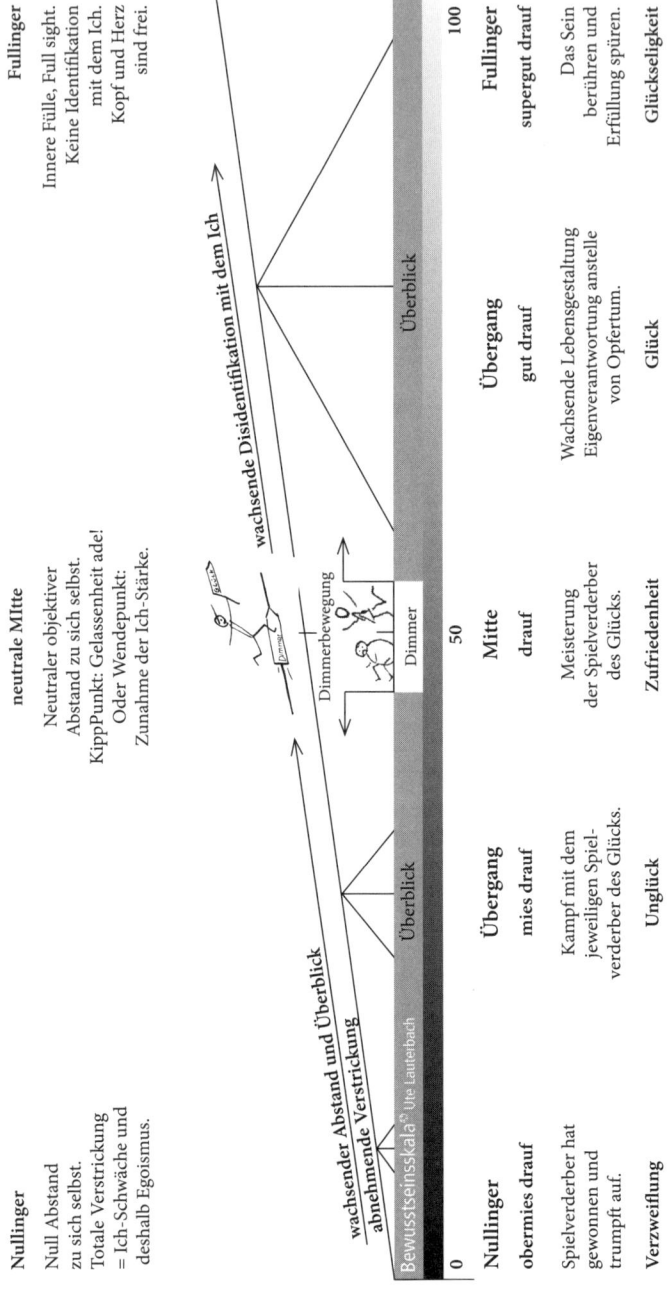

Nullinger

Null Abstand zu sich selbst. Totale Verstrickung = Ich-Schwäche und deshalb Egoismus.

neutrale Mitte

Neutraler objektiver Abstand zu sich selbst. KippPunkt: Gelassenheit ade! Oder Wendepunkt: Zunahme der Ich-Stärke.

Fullinger

Innere Fülle, Full sight. Keine Identifikation mit dem Ich. Kopf und Herz sind frei.

Nullinger	**Übergang**	**Mitte**	**Übergang**	**Fullinger**	
obermies drauf	mies drauf	drauf	gut drauf	supergut drauf	
Spielverderber hat gewonnen und trumpft auf.	Kampf mit dem jeweiligen Spielverderber des Glücks.	Meisterung der Spielverderber des Glücks.	Wachsende Lebensgestaltung Eigenverantwortung anstelle von Opfertum.	Das Sein berühren und Erfüllung spüren.	
Verzweiflung	Unglück	Zufriedenheit	Glück	Glückseligkeit	

freien Agieren ins unfreiwillige Reagieren rutschst. Zum Beispiel, wenn deine Geliebte sagt: ›Ohne dich wäre die Welt ein besserer Ort.‹ Logischerweise sackt dann auch die Qualität deiner Kommunikation in den Keller.«

Hugo lacht. »Der Punkt ist mir bekannt. Erlebe ihn fast täglich. Immer wenn mir was gegen den Strich geht.« »Exakt! Unsere Befindlichkeit kann sich sekündlich ändern. Ein Dimmer veranschaulicht auf der Bewusstseinsskala diese Stimmungsschwankungen. Er gleitet zwischen Nullinger und Fullinger. Seine Position gibt die Helligkeit deiner Befindlichkeit auf der Skala an. Am Nullinger ist es zappenduster, und du bist verzweifelt. Je besser es dir geht, umso heller wird es, und am Fullinger bist du glückselig. Und alles Sprechen ist ein Fest. Deine Befindlichkeit macht zwar dein Lebensgefühl aus, aber sie hat nicht das Glücksruder in der Hand. In der Regel ist die Befindlichkeit rasant schnell trüber oder lichter, dunkler oder heller – längst bevor du sie hast bewusst steuern können. Zum einen ist sie Seelenfeedback, zum anderen beeinflusst sie, wie du denkst, sprichst und wahrnimmst. Reitet dich ein Teufel, dann eben gern im Kreis herum. Im Teufelskreis. Ein Unglück kommt selten allein. Das Gegenteil gilt ebenso. Beflügelt dich ein Engel, dann jagt ein Glück das nächste.« »Ja, so fühlt es sich an. Aber wie kommt das?«

»Alte Schmerzen, traumatische Erfahrungen und emotionale ›Vor‹-Urteile lösen deine Befindlichkeiten rasant schnell aus. Sie wirken als chemische Katalysatoren im Langzeitgedächtnis und lassen in Neuronennetzen repräsentierte, alte Erfahrungen wieder aufleben. Wer sich als Kind immer wieder zurückgesetzt fühlte, legt die gleiche Verletzungsplatte in der Partnerschaft wieder auf. Wäre dieser Mechanismus absolut, könntest du dich nicht entwickeln, verändern und befreien.«

Hugo will wissen: »Ist er absolut? Hat er uns vollständig im Griff? Können wir neue Wege einschlagen?« Lotti erklärt: »Manchmal scheint es so, als seien wir vollständige Opfer unserer Neuronenfixspuren im Hirn. Als seien wir Hamster im ewig gleichen Psychorädchen. Und manchmal fühlen wir einen erfüllenden Wachstums- und Gestaltungsspielraum. Stell dir vor, dass auf dem Dimmer dein Glückspilot steht. Er navigiert dich im besten Fall Richtung Fullin-

ger.« »Und wie können wir ihn unterstützen?« »Den meisten Rückenwind erhält er durch unsere geistige Präsenz, durch ein anderes Sprechen, durch das, was wir bald üben werden. Schau dir das ganze Spektrum auf der Skala auf Seite 25 an.«[*]
Lotti fährt fort: »Auf der Skala siehst du in der Mitte den Grundstein unserer Möglichkeiten: die Neuroplastizität der Hirnstruktur. Sie bedeutet, dass wir nicht auf Gedeih und Verderb einmal verschalteten Neuronennetzen ausgeliefert sind.« »Das beruhigt. Aber wie kommen wir da raus?«, fragt Hugo.
»Wie wir neue Verschaltungen erwirken können, das übst du später. Das Gehirn ist wie ein voreingenommener Filter, der Wahrgenommenes und Vorgestelltes verzerrt. Psychomüll sowie positive Prägungen ziehen uns von der Realität weg. Unser Ziel ist der Umzug vom Heimkino in die Realität. Dabei setzen wir auf Sprache und Denken. Inwiefern die Sprache neue Spuren legen kann, inwiefern sie zum entscheidenden Navigationssystem des Menschen werden kann, betrachten wir bald. Zuvor werfen wir noch einen Blick darauf, wie wir unser Sprechen an den verschiedenen Stellen der Bewusstseinsskala erleben.« (Seite 26)
»Oberhalb der Mitte auf der Bewusstseinsskala hast du den Kopf ziemlich frei und kannst mit Eros Hand in Hand deine Neuronennetze leichter im Sinne deiner Selbstbestimmung spielen lassen.« »Eros?!«, fragt Hugo. »Ja, so nennt Platon unseren evolutionären Antrieb. Das Fazit ist offensichtlich: Durch bewusstes, wahrhaftiges, präsentes Sprechen stellen sich andere Emotionen ein, verlieren neuronale Fixspuren langsam, aber sicher an Macht über dich, haben deine alten Schmerzen dich nicht mehr im Griff und du wirst endlich Gestalter deines Lebens.« »Das sind tolle Aussichten«, sagt Hugo.
Wir haben soeben den Schlüssel zur Befreiung von Altmist und zum Aufbruch Richtung Glück und Fullinger der Sprache in die Hand gelegt. Das ist kühn und wird gleich weiter begründet.

---

[*] Viele Ansatzpunkte, die dazu beitragen, dass wir uns auf der Bewusstseinsskala hochfahren, finden Sie in meinem Buch *Werden Sie Ihr eigener Glückspilot*.

Das Gehirn: Gewohnheit und Veränderung auf der Bewusstseinsskala

Bewusstseinsskala © Ute Lauterbach

0	50	100
Nullinger	**Übergang**	**neutrale Mitte**	**Übergang**	**Fullinger**

Nullinger

Hundertprozentiges Opfer der eigenen Muster (»Autoidiot«). Konditionierter Hamster der Vergangenheit. Nur Runden im Rädchen.

Übergang

Gehirn als Autopilot: Wiederholungszwänge, weil in Neuronennetzen repräsentierte Erfahrung der Vergangenheit mit Emotionen (= chemischen Reaktionen) verschaltet ist und unsere Wahrnehmung konditioniert.

neutrale Mitte

Neuroplastizität: Die Fähigkeit des Gehirns, zusammengeschaltete Neuronennetze des Gehirns aufzubrechen, ist greifbar. Das heißt, die Möglichkeit, Gewohnheiten zu ändern und frei zu werden, taucht auf.

Übergang

Lernen bedeutet, auf der Grundlage bisheriger Strukturen neue zu bilden. Die Macht der Präsenz liegt darin, dass sie die Loslösung vom Autopiloten ermöglicht. Wir benutzen das Gehirn, anstatt von Automatismen beherrscht zu werden. Vom Auto- zum Glückspiloten.

Fullinger

Vollständige Offenheit, kein Kollabieren, sondern »Wellieren«.

Sprache und Selbstwahrnehmung auf der Bewusstseinsskala

Bewusstseinsskala © Ute Lauterbach

0 — 50 — 100

Nullinger

Besessenes Sprechen.
Null Selbstwahrnehmung.
Null Abstand.

Übergang

Egozentrisch befangenes Sprechen. Selbstwahrnehmung zwar möglich, aber in Entsprechung zur Verstricktheit reduziert.

neutrale Mitte

Sachbezogenes, unverstricktes Sprechen möglich. Unverstrickte Selbstwahrnehmung und Souveränität in der Textproduktion.

Übergang

Immer freieres und gegenwartsbezogeneres Sprechen. Stirnlappen statt Neuronenfixspur. Präsenz wächst mit der Wachheit im Sprechen.

Fullinger

Es spricht.
Inspiriertes Sprechen.
Identifikation mit dem Selbst.
Disidentifikation mit dem Ego.

Sprache und Sprechen – der Masterkey?

Der einzige Unterschied zwischen eingefahrenen Gleisen und einem Grab ist die Tiefe.
C. Garfield

Wir sind uns einig, dass wir glücklich wären, wenn wir nur dächten und fühlten, was wir gerne denken und fühlen. An dem Rad wäre also zu drehen.
Tatsache ist aber, dass unsere neuronalen Verknüpfungen gut geschmiert sind. Unsere Gedanken und Emotionen, ob negativ, positiv, assoziativ, biografisch oder traumatisch, stellen sich schneller ein, als wir es willentlich verhindern können. Im Klartext: Wir können uns zwar wünschen x, y, z nicht zu denken – allein der Wunsch ist machtlos. Anders gesagt: Wir können uns tausendmal vornehmen, nicht mehr an die Gemeinheiten von einst zu denken, doch wir werden scheitern. Das Gehirn ist schneller als das Schneckentempo unserer Vorsätze. Deshalb ist der Weg zur Hölle und nicht der zum Himmel mit guten Vorsätzen gepflastert. Wir können das Anspringen des Gedankenkarussells nicht verhindern, denn es rast längst, bevor wir auch nur nach der Stopptaste Ausschau halten.
Deshalb geben wir nicht den Gedanken, sondern der Präsenz oder Bewusstheit und dann dem Sprechen den Meisterschlüssel zum Ausstieg aus unseren Neurokreiseln in die Hand. Unser zugegeben minimaler Spielraum liegt zwischen dem neuronalen Output (= den Emotionen und Gedanken, die wir haben) und unserer Reaktion auf diesen neuronal ausgespuckten Stoff. Wir müssen *nicht* eins zu eins aussprechen, was das Hirn serviert. Wenn wir es aber tun, dann bestätigen und verfestigen wir unsere neuronalen Verknüpfungen mit jedem einzelnen Aussprechen. Dann gilt: Wir reden uns fest und fester anstatt frei.

Nutzen wir jedoch den kleinen Spielraum zwischen hochpoppenden Gedanken und Emotionen einerseits und unserer Reaktion andererseits, dann wird unser Gehirn regelrecht zur Glücksschmiede. Und wie klappt das konkret? Es braucht ein bisschen Zeit. Aber es lohnt sich – immerhin geht es um unser Glück und unsere Lebensfreude. Abstrakt formuliert, geht es darum, die Dauerbrenner in unserer Birne, die den Kontakt und die Gegenwart verhindern, zu frustrieren. Im Gehirn muss ankommen: »Was ich hier ständig liefere, wird nicht (mehr) gebraucht.« Nach dem Motto: Nicht bestellt, nicht abgeholt und, wie der Rheinländer sagen würde, fott damit.
Wie frustrieren wir unser Gedankenkarussell? In folgenden Schritten:

1. Nehmen Sie Ihr Gedankenkarussell genau wahr! Wie fühlen Sie sich, wenn es rast? (Oder das anderer?)
2. Entscheiden Sie sich, aus dem Gedankenkarussell auszusteigen und Ihre automatischen Gedanken und Emotionen zu lenken, bevor Sie sie aussprechen.
3. Finden Sie Reaktionen und Worte, die Ihnen und damit Ihrem Gegenüber gerechter werden. Das sind solche, die Sie auf der Bewusstseinsskala hochfahren, anstatt Sie und andere runterzuziehen.
4. Sowie es misslingt, frischen Sie Ihre Entscheidung sofort wieder auf, indem Sie zum Beispiel bei jedem automatischen, unreflektierten, reflexhaften Sprechen eine Murmel von der einen in die andere Hosentasche wandern lassen. Hin + her + her + hin + hin + her + her + hin + hin ...
5. Nicht aufgeben! Bleiben Sie unverdrossen dran, bis Sie 21 Tage am Stück das neue Verhalten praktiziert haben. Immer besser zu scheitern, ist Erfolg! Spätestens nach ein paar Monaten haben Sie einen stolperfreien Geist und sind glücklich.*

---

* 22 weitere Strategien zum Ausstieg aus dem Gedankenkarussell finden Sie in meinem Buch *Raus aus dem Gedankenkarussell*.

Diese fünf Schritte sind der grundlegende Fahrplan, nach dem wir beharrlich die verschiedensten neuronalen Spuren verlassen können. Verkürzt:

1. Wahrnehmen, was uns runterzieht.
2. Entscheiden, es zu ändern.
3. Wahrnehmen, wenn es nicht klappt, wieder entscheiden und neu bei eins anfangen.
4. Anderes Verhalten ausdenken und praktizieren.
5. Dranbleiben.

Wieso 21 Tage? Weil Forscher festgestellt haben, dass es so lange dauert, bis neue Verhaltensweisen wirklich verankert sind.[*]
Jetzt wäre es gut, noch ganz genau zu wissen, welche Fallen und welche Leuchtsterne wir in unserem (r)evolutionären Sprechtraining besonders berücksichtigen sollten. Darauf gehe ich in den bald folgenden 14 Trainingspunkten ein.
Es geht um unser Glück. Ein guter Grund, sich in dieses Abenteuer zu stürzen.
Was uns das Kopf-frei-Kommunikationsmodell bringt? Ein neues Leben, eine neue Welt, mehr persönliche Zufriedenheit und mehr kollektiven Frieden. Denn je freier der Kopf, umso produktiver, konstruktiver und positiver ist der Kontakt untereinander. Durch eine neue, wahrhaftige und authentische Sprache und Sprechweise können wir uns selbst und einander auf gute Spuren bringen. Bitte stellen Sie sich die Auswirkung dieses anderen Sprechens in der Erziehung, im Gesundheitswesen, in der Politik, im Geschäftsleben und in Partnerschaften vor. Unendliche Kosten könnten eingespart werden. Revolution von unten, von innen: durch eine andere Sprache. Es würde wahr: anders reden – besser leben.

---

[*] Siehe hierzu die Entdeckungen von Will Bowen.

Entstehung und Zielsetzung des Kommunikationsmodells

Das Gerede hat nicht die Seinsart des bewussten Ausgebens von etwas als etwas.
Martin Heidegger

Auf einer einsamen Insel der Bahamas, Cat Island, begeisterten mich die Natur und Heideggers Schrift *Was heißt Denken?*. Darüber hinaus war ich beseelt vom Wunsch, jeden Augenblick ganz gegenwärtig zu erleben. Da kam mir der Text von Heidegger sehr entgegen: Er handelt vom wesenhaften Denken, das ganz und gar unmittelbar bei dem innehält, was jeweils gerade ist. Nur einen Nachteil hatte der Text trotz seiner Brillanz: Er war nicht praxisnah und nicht umsetzbar. Deshalb sann ich auf Möglichkeiten, genau diese Lücke zu füllen. So entstand mein Kommunikationsmodell. Es fußt auf Heideggers Gedankengang. Im »philosophischen Hinterstübchen« finden Sie Ausführungen zur philosophischen Fundierung. Gleich stürzen wir uns in die Praxis. Vorher noch einmal die Ziele, die wir mit »Kopf frei!« anpeilen:

1. Das *Verlassen ungünstiger Neuronenfixspuren*, indem
2. wir unserem Gehirn durch die Sprache und entsprechende Vorstellungen neue, *günstigere Bilder* liefern.
3. Den *Kontakt* zu uns selbst und dadurch zu anderen fördern.
4. Wir wollen authentisch und kongruent sprechen. »Kongruent« bedeutet, dass der *Inhalt* des Gesprochenen zur *Art und Weise* des Sprechens passt. Also kein Widerspruch zwischen dem, WAS gesagt wird, und WIE es gesagt wird. (Beispiel: Mit Trauermiene und leicht motziger Stimme: »Mir geht es gut.«)
5. Wir wollen in der *Gegenwart* ankommen.

Die Trainingspunkte

*Kommunikation von Mensch zu Mensch
durch jeden Sinn von Wahrheit im liebenden
Kampfe wagen.*
Karl Jaspers

Die einzelnen Schritte zum freien Kopf durch einen anderen Umgang mit unseren Gedanken und einer neuen Weise zu kommunizieren, stelle ich folgendermaßen dar:

1. Der *Trainingspunkt* wird formuliert.
2. Ein *Beispiel* veranschaulicht die Verbalproduktionen, die wir im Interesse von Gegenwart, Kontakt und Authentizität vermeiden können.
3. Ein *Kommentar* erläutert das Beispiel.
4. Ganz konkrete *Trainingshinweise* werden aufgeführt.
5. *Hugos Werdegang* reflektiert und veranschaulicht alle Trainingspunkte.
6. *Daniela Schulz* hat das hier vorgestellte Kommunikationsmodell in ihren Trainings weltweit erprobt. Und hat Fragen zu den einzelnen Punkten gesammelt und mir am Ende des jeweiligen Trainingspunktes gestellt. Es sind typische Fragen, die mir auch nach meinem Vortrag »Vom Laberschwall zum Lebenshall« immer wieder gestellt werden.

Ich danke dir, liebe Dani, für deinen großen Einsatz. Und da ich gerade beim Danken bin: Ich danke den vielen, vielen Seminarteilnehmerinnen und Seminarteilnehmern, mit denen ich dieses Modell eingeübt und in seiner Wirkung überprüft habe. Es ist das begeisterte Feedback dieser Menschen, das mich motiviert hat, Ihnen, liebe Leserinnen und Leser, es hier in Buchform vorzustellen. Mein Dank läuft Ihnen entgegen.

Ich weiß, diese neue Kommunikationsform stellt eine Herausforderung, vielleicht für manche eine ZuMutung dar. »Anders reden – besser leben«: Die Wahrheit dieses Mottos habe ich selbst nach teils »anstößigem«, teils begeistertem Üben erlebt. Inwendig nah sind mir daher die Fragen zu den einzelnen Punkten.

1 Trainingspunkt

Bei-sich-Sein als Kontakt- und Gegenwartsgarantie

> GEH DIR NICHT FREMD!

Im wesentlichen Sprechen nimmt jeder sich selbst wahr.
Michael Lukas Moeller

Steigen wir in unser Training mit dem Überdrüberhit ein: dem Bei-sich-Sein.
Kontakt gelingt, wenn wir in unverstrickter, präsenter Fühlungnahme mit uns selbst sind. Es wird besonders klar, was Bei-sich-Sein bedeutet, wenn wir es vom Gegenteil her – dem Außer-sich-Sein – begreifen. »Er war außer sich vor Wut.« Das bedeutet, er war nicht mehr bei Sinnen, er war nicht er selbst, er war Opfer einer Emotion, die ihn so sehr kontrollierte, dass er sich vergaß. Wir sind bei uns,

- wenn wir nicht von unfreiwilligen Emotionen beherrscht werden,
- wenn wir uns nicht vergessen,
- wenn wir bei Sinnen sind und uns im jeweiligen Augenblick gut wahrnehmen und spüren.

Jede Emotion, die uns im Griff hat, zieht uns weg von uns und rein in alte neuronale Verknüpfungen: Dazu gehört jede Sucht, wie die Anerkennungs- und Liebessucht, Kontaktsucht, Arbeitssucht, Perfektionismus, die Recht-mach-Sucht, Eifersucht, Herrschsucht, Darstellungssucht, Streitsucht, Harmoniesucht, aber auch Emotionen wie Beleidigtsein, Selbstmitleid, Bitterkeit, Groll ... die Liste ist endlos. Es ist *das* Kennzeichen von Emotionen, dass sie uns belagern und eng machen. Sie ziehen uns von uns ab und vereiteln damit die Möglichkeit, anderen gegenüber offen zu sein. Glück, Kontakt und Gegenwart sind verloren. Durch Emotionen sind wir verstrickt, verhakelt und wir torkeln unter 50 auf der Bewusstseinsskala.

Emotionen stellen wir Gefühle gegenüber, die für reale, unverstrickte Seelenregungen stehen. Diese reichen von Freude, Leichtigkeit und Liebe bis hin zu echter Trauer. Im ersten Trainingspunkt geht es darum, Emotionen von Gefühlen zu unterscheiden, die Emotionen umzuwandeln und den Gefühlen mehr Entfaltungsraum zu verschaffen. Konkret gelingt das, wenn wir mit folgenden Fragen immer wieder unsere Wahrnehmung für die eigene Befindlichkeit schärfen:

› Hat mich mein seelischer Zustand im Griff? Dann ist's also eine Emotion.
› Genieße ich meinen seelischen Zustand? Macht er mich offen, weich oder frei? Dann ist's ein Gefühl.
› Wo auf der Bewusstseinsskala kann ich meine gegenwärtige Befindlichkeit ansiedeln?

Emotionen werden dadurch verursacht, dass irgendein Persönlichkeitsanteil nicht zum Zuge kommt. Im Fall der Wut die lockere Durchsetzung, in der Eifersucht ein als selbstverständlich verspürter Selbstwert, bei der Harmoniesucht eine gesunde Portion Eigensinn. Wer alle Persönlichkeitsanteile oder Kernkompetenzen sowohl in ihren verstrickten als auch ihren fröhlichen Ausdrucksformen verstehen möchte, schaue unter »Ausbildungen« auf www.ute-lauterbach.de.

Blöderweise wird der, aus welchen miesen Gründen auch immer, abgeklemmte Persönlichkeitsanteil weiterhin abgewehrt. Wir bauen aus vermeintlichem Selbstschutz Widerstände genau gegen die inneren Anteile auf, die wir beleben müssten. Schade! Das bedeutet, unsere Emotionen werden durch innere Widerstände gegen das, was uns rettete – nämlich die Integration oder Belebung von nicht gelebten Kernkompetenzen –, provoziert.

Leiten wir den Ausstieg aus unfreiwilligen Emotionen mit einigen Fragen ein:

- Was müsste ich integrieren oder selbst tun, um die Emotion nicht mehr zu brauchen?
- Welchen »Ersatzgewinn« verschafft mir die Emotion?
- Wie könnte ich stattdessen dem wirklichen Gewinn den Weg ebnen?
- Wie könnte ich von Emotion auf Gefühl umschalten?
  Wie könnte ich also bei mir sein?

Hilde

Die kontaktsüchtige Hilde verliebt sich in Willi, der ein wahrer Meister im Zeigen seiner Gunst ist. Er beschenkt Hilde mit Worten, Gesten und greifbaren Präsenten. Welch eine Wohltat für Hilde! Der Notstand ihrer Kinderseele – Kontaktmangel – saugt alles begierig auf und wirft sie in eine erstaunliche Passivität. Sie ist so mit Aufsaugen beschäftigt, dass sie gar nicht auf die Idee kommt, Willi ihre Freude und ihre Zuneigung in ähnlicher Weise zu zeigen. Das merkt Willi. Er schaltet einen Gang runter, womit Hildes Kopfkino mit dem Film »Kontaktversagen« wieder angeworfen ist. Jetzt spürt sie den alten Notstand wieder. Das ist die Emotion, die Hilde im Griff hat und die verhindert, dass sie bei sich ist. Dabei liebt sie Willi so sehr. Davon merkt Willi nicht viel, weil Hilde so mit sich beschäftigt ist. Ihr Notstand führt dazu, dass sie Willi das Leben schwer macht – eine verdrehte Kontaktangelform. Ihre vielen Sabotagen machen Willi ärgerlich. Er rutscht seinerseits in Emotionen und beschimpft Hilde. So wird ihre Kontaktsucht wenigstens auf diesem Wege gefüttert. Auch im Negativspektrum bleibt sie in der Rolle des »Saugens«.

Kommentar: Wir sind davon ausgegangen, dass Emotionen durch innere Widerstände nicht gelebten Persönlichkeitsanteilen gegenüber hervorgerufen werden. Das nicht Integrierte hinter Hildes Emotion ist ihre mangelnde Fähigkeit, Freude auszudrücken und ihrerseits in Kontakt zu gehen. Ihr Kontaktdefizit müsste von ihr selbst behoben werden. Konkret heißt das, sie müsste lernen, auf sich selbst und andere zuzugehen. Anderenfalls ist Willi hoffnungslos überfordert. Der typische Beziehungssalat!

Wenn es Hilde gelingt, ihre Freude zu spüren und zu zeigen, wird sie auf der Stelle ein gutes, sie weitendes Gefühl haben und bei sich sein. So schaltet sie von Emotion auf Gefühl um, hat Kontakt zu sich und ist in der Gegenwart.

Was der erste Trainingspunkt anstrebt, klingt vielleicht recht komplex und umfangreich. Das ist es auch. Trotzdem eher ein Grund, es anzupacken, als die Flinte ins Korn zu werfen. Zumal unser Ziel anspruchsvoll und lohnend ist: nämlich ein Leben in echtem Austausch und in seelischer Fülle, um nicht zu sagen, in Glückseligkeit. Übrigens: Die Meisterung des ersten Trainingspunktes ersetzt alle übrigen. Er ist eine Art Passepartout. Die anderen Punkte sind leichter umzusetzen. Letztlich ergänzen sich die einzelnen Schritte.

Die *Trainingshinweise* zum ersten Punkt zusammengefasst: Es geht darum, Kontakt zu sich selbst herzustellen, indem der jeweilige innere Prozess verlangsamt wird und wir genau (nach)spüren, was gerade innerlich bei uns anklingt. Dann heißt es, Kontakt zum Gegenüber herstellen. Logischerweise können wir dem anderen nur eine Landefläche bei uns einräumen, wenn wir selbst bei uns sind. Wir stellen Kontakt zum anderen her, indem wir wahrnehmen, was dieser gerade tut, spricht, wie er sich verhält, was er aussendet. Das, was uns von dem Wahrgenommenen berührt, genau das sprechen wir behutsam an und schauen den anderen dabei offen an.

Fazit: Bei-sich-Sein und Kontakt zum anderen sowie zur Gegenwart sind die Basis guter Kommunikation.

Hugo ist außer sich

HUGO: Ich kriege höchst selten die Wut. Ich bin also immer bei mir, oder?

LOTTI: Bei dir bist du erst, wenn du mit deiner Aufmerksamkeit bei dir, bei deinem Gegenüber und bei dem Gespräch bist.

HUGO: Wenn ich mitbekomme, wie es mir und dem anderen geht?

LOTTI: Genau. Wenn du merkst, dass Nadines *(eine seiner Verflossenen)* Blick desinteressiert in die Ferne schweift.

HUGO: Hm, das hat sie oft gemacht. Ich habe trotzdem weitergeredet.

LOTTI: Das heißt, du warst nicht wirklich bei der Gesprächssituation, sondern einfach nur bei deinem Text.

HUGO: Stimmt. Und das war natürlich blöd für Nadine. Langsam erfasse ich, warum sich meine Süßen aus dem Staub gemacht haben. Ich hätte mich an ihrer Stelle auch verlassen.

LOTTI: Wer nicht bei sich ist, hat sich bereits verlassen.

? ? ? FRAGEN UND ANTWORTEN

Können Sie noch mehr zum Unterschied von Gefühlen und Emotionen sagen?
Wenn ich genau hinspüre und ehrlich mit mir bin, dann merke ich, dass ich mich mit der Emotion nicht wirklich wohlfühle. Sie irritiert meinen inneren Frieden. Das Gefühl der Trauer beispielsweise ist meinem inneren Frieden zuträglich.

Aber das Gefühl der Trauer macht doch eng?
Nein, nicht wirklich, denn wenn ich trauere, dann bin ich nicht eng, sondern weich und weit. Die Trauer verbindet mich mit mir, wenn auch nicht auf ange-

nehme Art. Ich bin mit mir konfrontiert: Innendrehung! Wenn ich wütend bin, bin ich im Grunde verletzt: Außendrehung! Diese beiden Richtungen – innen und außen – bilden das Unterscheidungskriterium zwischen Gefühl und Emotion. In der Innendrehung bin ich bei mir.

Was ist Integration?

Integration ist, wenn ich nicht gelebte Persönlichkeitsanteile zum Leben erwecke. Ob ich etwas integriert habe, kann ich an meinen Emotionen erkennen: Was ist das Ungelebte, das sich hinter meinen Emotionen verbirgt? Ich gucke, was mich an anderen stört oder was ich bewundere. Und das ahme ich *in mir gemäßer Form* nach. So wird es integriert.

Auch wenn ich mich beim Machen nicht wohlfühle?

Dann habe ich entweder nicht das Richtige getroffen, oder es gibt noch alte Verbote, die in mir aufmucken. Normalerweise erkenne ich die gelingende Integration daran, dass die Emotion nicht mehr kommt und ich mich am anderen nicht aufhalte. Stattdessen habe ich mehr Lebensfreude.

Bitte ein Beispiel!

Sabine nervt, dass Daniel es sich immer gemütlich macht, während sie nonstop schuftet. Dem Außenstehenden springt Sabines Projektion sofort ins Auge: Sie nervt an Daniel, was sie sich selbst verbietet. Integrationsfrage: Welche *ihr gemäßen* Ruheinseln könnte sie in ihr Leben einbauen?

Ist Integration als Prozess zu sehen?

Ja, und je nachhaltiger Sie etwas nach außen Projiziertes wieder integriert haben, umso selbstverständlicher verfügen Sie über die zurückgewonnene Eigenschaft.

Wie erspüre ich, ob ich bei mir bin?

An meiner inneren Ruhe, der Gelassenheit, der Unverstricktheit, dem freien Kopf. Und damit einhergehend bin ich in der Lage, ganz unparteiisch verschiedene Perspektiven einzunehmen. Ich klebe nicht mehr an meiner Perspektive. Sowie ich nicht mehr mit meinem Blickwinkel verschweißt bin, ruhe ich in mir. Der Blickwinkel ist eine egozentrische Oberflächenansicht und das Bei-sich-Sein ist ein ruhiges Herztiefengefühl.

Wie kann ich zu mir kommen?
Zu mir komme ich, indem ich meine Wachheit pflege. Und das wiederum mache ich zum Beispiel mit dem hier vorgestellten Kommunikationsmodell.

Wie kann ich über das Kommunikationsmodell hinaus üben,
zu mir selbst zu kommen?
- Sich kaputtlachen.
- Sich im Schönen verlieren.
- Total genießen.
- Bedingungslos lieben.
- Bewusst tief durchatmen.
- Sich selbst immer wieder fragen: Was würde mir jetzt gut tun?*

Es geht auch darum, sich selbst ernst zu nehmen. Das ist der Startpunkt von allem.

Wenn ich mich selbst ernst nehme und das mache, was mir guttut,
wirft man mir oft Egoismus vor.
Egoismus entsteht, wenn ich mich selbst verleugne und dann aufgrund dieser Selbstverletzung in unbewusste Rachemanöver rutsche. Unterscheiden wir grundsätzlich zwischen Egoismus und Ichstärke!

Was ist der Unterschied?
Egoismus tobt in unbewussten Rachemanövern. Ein Mensch mit Ichstärke kann leichter von sich absehen als einer mit Ichschwäche, was wiederum beweist, dass Ichstärke nichts mit Egoismus zu tun hat, im Gegenteil.

Wie komme ich vom Egoismus in die Ichstärke?
Dadurch, dass ich dafür sorge, auf der Bewusstseinsskala von unterhalb der Mitte (= Egoismus) zu oberhalb der Mitte (= Ichstärke) zu gelangen.

Wenn ich allein und konsequent übe, dann kann ich doch mit meinen
Freunden nicht mehr normal kommunizieren und werde zum Außenseiter.
Hier geht es um eine Grundentscheidung. Wollen Sie Scheinfreunde oder Reinfreunde? Und wenn ich meine eigene Kommunikation auf einer oberflächliche-

---

* Mehr dazu in meinem Buch *Spielverderber des Glücks*.

ren Ebene halte, als meiner Lebensfreude zuträglich ist, bloß um »Freundschaften« zu bewahren, dann bringe ich ein Opfer, das aus meiner Erfahrung den Preis nicht rechtfertigt.

Womit kann ich rechnen, wenn ich meiner Lebensfreude folge?
Sie werden feststellen, dass Ihre Lust, im üblichen, eher automatischen Sinne zu kommunizieren, rapide nachlässt.

Warum ist das so?
Weil der Gewinn – nämlich mehr Freude, mehr Spontaneität, mehr Spaß, Leichtigkeit, Kongruenz und Lebensfreude – eine große Verlockung darstellt, auf die zu verzichten nicht attraktiv ist.

Das heißt, dass dieses Kommunikationsmodell mein Leben revolutionieren kann?
Ja.

Wie gehe ich mit den Übungen um, wenn mein Umfeld nicht mitzieht?
Wie kann ich trotzdem üben?
Sie können hundertprozentig üben, wenn Sie bei allem, was Sie sagen, die Trainingspunkte anwenden. Und das kann mitunter ansteckend wirken.

Und nicht befremdlich?
Nicht, wenn Sie authentisch sind. Wenn Sie richtig Spaß machen, richtig über Ihr Inneres sprechen, alle sozialen Gleitmittelworte weglassen ...

... dann zieht das die anderen automatisch mit?
Je authentischer Sie sind, umso größer ist die Wahrscheinlichkeit. Eine Garantie gibt es allerdings nicht. Trotzdem hat der Volksmund recht: »Wie man in den Wald hineinruft, so schallt es heraus.«

2 Trainingspunkt

Neue Sprache, neue Wege im Gehirn

> ERKENNE UND ERSETZE UNGÜNSTIGE TRIGGER-WÖRTER

Ob das Beharren auf eigenen Fehlern
die Treue zu sich selbst ist?
Stanislaw Jerzy Lec

Grandios wäre, wenn wir Emotionen weder wegdrückten noch wild ausagierten. In der wachsamen Mitte öffnet sich die Tür für eine neue Sprache. Wie? Als Erstes finden wir heraus, was uns in die ungemütliche Emotion kickt. Und genau an der Stelle setzen wir mit anderen Formulierungen und günstigen Vorstellungen an. Die große Kunst ist, trotzdem wahrhaftig und authentisch zu sprechen!

Betrachten wir, wann und wodurch uns Fähigkeiten und Spontaneität abhandengekommen sind. Sowie Kinder von Autoritäten in ihren Bestrebungen gehemmt werden, erhalten etwa Hilfsverben wie »müssen«, »sollen« und sogar »dürfen« eine unangenehme Färbung. Benutzen wir später diese Verben oder andere Triggerwörter, so werden die neurologischen Erregungsmuster sofort wieder ausgelöst und unser Emotionsexpress rast mehr oder weniger schnell im Kreis herum. Wir drehen auf der Stelle und fühlen uns nicht wohl. Die »leichte« Übung bestünde darin, hellhörig auf Triggerwörter zu werden und sie durch andere zu ersetzen.

Theo

Theo sagt immer: »Ich muss mich beeilen.« Damit löst er die unangenehmen Gefühle aus, die er aus der Kindheit kennt. Immer war er unter Druck. Und er ist es auch heute. Die Verschaltungen in seinem Gehirn geben nach wie vor denselben Ton an. Um eine neue Verschaltung einzuladen, sagt Theo stattdessen: »Ich möchte gerne rechtzeitig ankommen.« So gibt er sich selbst einen positiven Auftrag, anstatt sich Druck zu machen. Das Ziel ist, ungünstige Verschaltungsmuster nicht durch persönliche Reizwörter zu aktivieren, sondern durch eine neue Sprache neue Verschaltungen anzuregen. Dabei bleiben wir in guter Fühlungnahme mit uns selbst, damit wir nicht einfach nur anders, sondern *authentisch* und anders sprechen.

Theos Beispiel erfordert folgenden *Kommentar*: Vielleicht will Theo gar nicht rechtzeitig ankommen. Dann braucht sein Altsatz »Ich muss mich beeilen« freilich eine andere Alternative, als oben vorgeschlagen. Geht es ihm eher darum, ein flexibleres, großzügigeres Zeitfenster zu haben, dann wäre der stimmigere, positive Auftragssatz für sein Gehirn etwa: »Ich liebe mein eigenes Tempo und möchte Spielräume in meinem Zeitmanagement haben.«

Wenn also für die meisten Menschen »müssen«, »sollen« und abgemildert »dürfen« Bremswörter sind, dann setzen wir lieber auf »wollen«, »können«, »möchten«.

Neben diesen eher allgemein wirksamen Triggerwörtern hat jeder noch einen hübschen individuellen Katalog. War die eigene Mutter Alkoholikerin und stand sie besonders auf Gin, dann hat das Wort »Gin« eine andere emotionale Ladung als »Eierlikör«.

Kritisch sind natürlich nicht nur Trigger*wörter*, sondern alle sinnlichen Eindrücke können bestimmte neuronale Verschaltungsmuster aufflammen lassen.

Samanta wird achtjährig von einem rothaarigen Iren vergewaltigt. Seither feuert die damals schmerzlich gelegte neuronale Spur jedes Mal, wenn ein rothaariger Mann sie anschaut. Und wenn John, der Ire, einen bestimmten Geruch hatte, braucht Samanta nur einen ähnlichen Geruch wahrzunehmen – und schon sind die alten

Ängste wieder auf dem Plan. Zumindest so lange, bis Samanta neue Verschaltungen erwirkt hat. Hier ist je nach Schwere der auslösenden traumatischen Erfahrung beharrliche Integrationsarbeit sinnvoll.

Hugo im Fettnapf

HUGO: Also, das kenne ich. Bei mir lösen »müssen« und »sollen« auch unangenehme Gefühle aus. Die Übung ist leicht. Ich muss mich bemühen, »müssen« und »sollen« und andere Triggerwörter aus meinem Vokabular zu streichen.
LOTTI: *Musst* du das?
HUGO: Ja, muss ich. Ach! Wie schnell das rausrutscht.
LOTTI: Kennst du andere Trigger von dir?
HUGO: Heikel sind bei mir noch: bemühen, anstrengen, aufräumen, Migräne und Diät.
LOTTI: Diät?
HUGO: Ja, meine Mutter hatte andauernd Migräne und mein Vater machte ständig irgendwelche Diäten.
LOTTI: Verstehe.
HUGO: Muss ich diese Wörter jetzt alle vermeiden?
LOTTI: Du *musst* gar nichts. Du hast frei. Ein ganzes Leben lang.
HUGO: Super! Und warum besprechen wir das dann so ausführlich?
LOTTI: Damit du die Fallstricke kennenlernst und dadurch mehr Befreiungsmöglichkeiten hast.

??? FRAGEN UND ANTWORTEN

Wie finde ich meine individuellen Reizwörter?
Durch feine Selbstwahrnehmung. Spüren Sie, wann Ihre innere Ruhe beeinträchtigt wird. Welche Worte sind gefallen? Woran erinnern Sie diese Worte?

Okay. Besteht nicht die Gefahr, dass es zu anstrengend ist, immer auf die Wortwahl zu achten?
Was ist anstrengender: auf die Wortwahl zu achten oder Opfer alter, unangenehmer Muster zu sein? Außerdem ist es gar nicht nötig, immer darauf zu achten, sondern nur so lange, bis die neue Verschaltung (= Gewohnheit) flutscht.

Es fühlt sich aber künstlich an, nicht einfach so zu sprechen, wie mir der Schnabel gewachsen ist.
Das verstehe ich. Es ist auch zunächst ungewohnt oder künstlich. Ist denn das Gewohnte wirklich das Bessere? Meinen Sie, dass Ihnen der Versuch schadet? Oder Ihnen der Freisprechschnabel abfallen könnte? Sprechen Sie wirklich frei, wenn Emotionen sich Ihres Schnabels bemächtigt haben? Probieren Sie es doch einfach eine Weile aus und erleben Sie den Unterschied. Das motiviert garantiert.

3 Trainingspunkt

Geschichten erzählen, aber anders

> LASS ALLE IRRELEVANTEN GESCHICHTEN WEG!

Wer von der Vergangenheit spricht, lügt.
Rainer Maria Rilke

Wollen wir anders sprechen und anders leben und wirklich im Kontakt mit anderen sein und ein Gespür für das bewahren, was jetzt gerade gegenwärtig ist, dann können wir viele Geschichten getrost aus unserem Repertoire streichen. Besonders dann, wenn sie uns selbst gar nicht (mehr) berühren, sondern nur peripher assoziiert werden, wenn sie also nur reflexhaft aus der Erinnerungskonserve hochzucken. Solche Geschichten sind einfach Schnee von gestern. Sie haben weder Bezug zu uns heute noch zu unseren Gesprächspartnern. Auch Geschichten ohne Vergangenheitsstaub können meist als irrelevant aussortiert werden. Geschichten vereiteln auch dann Kontakt und Gegenwart, wenn sie keine relevanten Aussagen enthalten, keinen Bezug zum Zuhörer und Sprecher haben und zur Krönung noch mit Kommentaren zu Erinnerungsschwächen gespickt sind.

Ein abschreckendes Beispiel:
Gerda und Theo – Klappe, die erste

Gerda *(zu ihrem wehrlosen Mann Theo)*: Stell dir vor, Klara hat mir erzählt, dass der Sohn ihrer Bekannten *(spätestens an dieser Stelle hat Theo schon abgeschaltet)* in einem Supermarkt in Braunschweig ... oder war es Bremen? Also es fing mit B an ... Hm. Was hat sie doch gleich gesagt? Am Ende Berlin? Jedenfalls der Sohn der Bekannten hat da in dem Supermarkt ein Dings gekauft. Ach, sag schon, ein, ähm, genau, ein Fahrrad. Ein Fahrrad im Supermarkt! Und dann wollte er mit dem Rad durch die Vogesen fahren. Erst natürlich Anreise per Bahn, aber dann losradeln. Wie hieß doch bloß die Stadt mit dem Supermarkt?

Kommentar: Theo kennt Klara flüchtig, deren Bekannte gar nicht und den Sohn derselben erst recht nicht. Ihm ist völlig egal, in welcher Stadt sich der Unbekannte was gekauft hat und was er damit tut. Gerdas Worte haben keinerlei Bezug zu ihm oder Gerda. Somit glückte es seiner Frau, jedweden Kontakt im Keim zu ersticken.

Wir können uns fragen, ob sich eine wirkliche, also eine kontakt- und gegenwartsbezogene Absicht hinter solchen Geschichten verbirgt. Produziert Gerda hier nur Verbalausschuss oder will sie etwas ganz anderes sagen? Gerda fühlt also in sich hinein (Trainingspunkt 1), womit sie immerhin Kontakt zu sich selbst herstellt, und findet heraus, dass sie so gerne mal einen Radurlaub machen würde. Dazu wären aber einerseits neue Fahrräder nötig und andererseits müsste Theo erst mal 15 Kilo abnehmen. Sie spürt noch tiefer, wie sehr sie Theos stetig zunehmende Fettleibigkeit besorgt. Nun könnte sie anstelle der Geschichte vom Sohn der Bekannten einer Bekannten ganz direkt über das sprechen, was sie spürt.

Gerda und Theo – Klappe, die zweite

GERDA: Theo, ich hätte solche Lust, mal einen Radurlaub zu machen. Und du?
THEO: Nee, is nix für mich. Zu anstrengend.
GERDA: Zu anstrengend? Kannst du das genauer sagen?
THEO: Ach, lass mich in Ruhe. Die Pumpe! Ich komm so schnell in Atemnot.
GERDA: Ich will dich nicht in Ruhe lassen, weil ich mir Sorgen mache, Mensch!
THEO: Du? Sorgen? Wieso?
GERDA *(spürt genau bei sich und sagt dann)*: Theo, du bist mir so lieb und wert, dass es mir wehtut zu sehen, in welcher körperlichen Verfassung du bist.
THEO: Ja, was soll ich machen?
GERDA *(passt höllisch auf, spürt genau, dass sie nicht in ein co-abhängiges Gewichtsreduktionsringen schlittern darf und fragt)*: Willst du denn was machen?
THEO: Tja, eigentlich schon, wenn ich so drüber nachdenke.
GERDA: Und was könntest du dir vorstellen?

Mit der letzten Frage gibt Gerda die Initiative an Theo zurück, wodurch im besten Fall einem co-abhängigen Gekrampfe vorgebeugt wird. Wie auch immer Theos Zustand sich entwickeln mag, dieses Gespräch

- war ehrlich,
- hatte Bezug zu Gerda, weil es von ihrer Urlaubsvorliebe und ihrer Sorge um Theo handelte,
- bezog sich auf Theo, weil es ganz konkret um ihn ging,
- war gegenwartsrelevant
- und zeitigt im besten Falle positive Konsequenzen für die Zukunft.

Wenn Gerda sich zwar ihrer Radellust und ihrer Sorge um Theo bewusst gewesen wäre, aber nicht gewagt hätte, direkt darüber zu sprechen, wäre folgender Fehllauf denkbar gewesen:

Gerda und Theo – Klappe, die dritte

GERDA: Ich fand unseren letzten Urlaub richtig blöd. Kam mir in dem Schnarchhotel fast vor wie in einem Sanatorium.
THEO *(ist verletzt und brummelt)*: Hm.
GERDA: Übrigens, ist dir schon mal aufgefallen, dass unser Briefträger in deinem Alter ist? *(Wartet nicht auf Theos Antwort)* Und der macht die gesamte Postzustellung mit dem Fahrrad. Das find ich einfach klasse!
THEO *(verärgert)*: Dann lach ihn dir doch an.
GERDA *(auch verärgert)*: Gute Idee!

Indirektes Sprechen geht schnell in die Hose! Deshalb sahnen wir durch die folgenden *Trainingshinweise* das meiste für Kontakt und Gegenwart ab,

- wenn wir spüren, was sich hinter bestimmten Geschichten verbirgt,
- wenn wir das so Gespürte direkt zum Ausdruck bringen,
- wenn wir auch während des Gesprächs gut im Kontakt mit uns und dem Gesprächspartner bleiben.

Zum Trainingspunkt »Geschichten erzählen, aber anders« gibt es sechs *Ausnahmen*. Storys sind wünschenswert und kontaktfördernd, wenn folgende Aspekte vorliegen:

1. Die Geschichte dient der Veranschaulichung eines Gedankengangs. Sie macht etwas Abstraktes verständlicher.
2. Die Geschichte hat unmittelbar mit deinem Gegenüber zu tun.
3. Die Geschichte bezieht sich auf soeben Erlebtes, das dich noch aktuell bewegt.
4. Die Geschichte bezieht sich auf Erlebtes, das zwar schon ein Weilchen zurückliegt, aber die Befindlichkeit noch ganz aktuell färbt.

5. Die Geschichte wird vom Gegenüber eingefordert, um x, y, z besser einordnen zu können.
6. Die Geschichte hat *für die Zuhörer* (!) extrem hohen Unterhaltungswert, was sich naheliegenderweise nur an der Reaktion der Zuhörer ablesen lässt.

Auftritt Hugo

HUGO: Moment mal! Den letzten Punkt verstehe ich nicht ganz.
LOTTI: Was verstehst du nicht?
HUGO: Wieso kann ich denn die Geschichte nicht erzählen, wenn sie nur *für mich* extrem hohen Unterhaltungswert hat? Ich bin doch auch jemand!
LOTTI: Eben!
HUGO: Was? Wie meinst du?
LOTTI: Weil du der wichtigste Mensch in deinem Leben bist – ob du willst oder nicht –, wäre es schade, wenn deine Superstory bei anderen nur Gähnen auslöst. Damit würdest du weder dir noch der Story gerecht.
HUGO: Ja, das stimmt.
LOTTI: Der Volksmund spricht an dieser Stelle von den Perlen, die nicht vor die Säue geworfen werden sollen.

Zur *Frustprophylaxe* ist es sinnvoll, die Revolution unserer Sprechgewohnheiten sportlich und neugierig anzugehen. Das ist besser als leistungsgeil und verbissen. Es ist interessant und spannend zu beobachten, wie stark der Drang ist, Storys zu erzählen. Wenn wir den Erzähl-Automatismus bei uns und anderen genau mitbekommen, kippen wir wahrscheinlich aus den Latschen. Im nächsten Schritt können wir allmählich die Geschichten aus unserer Textproduktion rausdrehen. Dabei ist es hilfreich zu sagen: »Jetzt lasse ich eine (oder zwei, drei) Geschichten weg.« Und immer auf das Gefühl achten, das wir beim Weglassen der Storys haben! Es wird möglicherweise ambivalent sein: Unser Ego erzählt nämlich supersaugern alles, um die eigene Egosubstanz zu füttern und zu stabilisieren: »Menschen sind unverbesserliche und geschickte Geschichtenerzähler, und sie haben die Angewohnheit, zu den Geschichten zu werden, die sie erzählen. Durch Wiederholung verfestigen sich Geschichten zu Wirklichkeiten, und manchmal halten sie die GeschichtenerzählerInnen innerhalb der Grenzen gefangen, die sie selbst erzeugt haben.«[*]

So steht's um den Anteil in uns, der Geschichten erzählt. Ein anderer Anteil findet die eigenen Geschichten oder die anderer langweilig, denn dieser Anteil sehnt sich nach echtem Austausch und Gegenwart. Definieren wir ihn als »Selbst«, um ihn vom Ego abzugrenzen. Die Frustprophylaxe gelingt auch gut, wenn wir komische Elemente in unser Übungsprogramm integrieren. Nehmen wir an, jemand hätte gerade angesetzt zu erzählen, wie er vor vier Jahren fast ein Reh überfahren hätte. Nach drei Sätzen merkt er, dass er in eine Story schlittert. An dieser Stelle dreht er einfach langsam den Ton aus seinem Redefluss wie beim Leisedrehen eines Radios.

Hugo auf der Festplatte

LOTTI *(weiß, dass Hugo gerne segelt und will ihn testen)*: Ich überlege, ob ich einen Segelkurs machen möchte.

HUGO: Ich habe meinen Segelschein vor 19 Jahren in Holland gemacht. Zusammen mit meiner damaligen Frau. Nachmittags sind wir fast immer in die Bäckerei und haben »Appelgebak mit Slagroom« gegessen. Und es war wohl am dritten oder vierten Tag, als …

---

[*] Jay S. Efran; Michael D. Lukens; Robert J. Lukens: *Sprache, Struktur und Wandel. Bedeutungsrahmen der Psychotherapie*, Dortmund: Modernes Lernen 1992, S. 115

LOTTI: Moment mal!
HUGO: Oh, war das eine Geschichte? Ja, es war eine. Die kam ja vollautomatisch aus mir raus.
LOTTI: Warst du bei dir? Hast du dich oder mich wahrgenommen? Ist dein Segelschein von damals jetzt relevant?
HUGO: Ich hätte auf deine Überlegung reagieren können.
LOTTI: Und wie?
HUGO *(jetzt aufmerksam)*: Nicht mit einem Tipp oder Ratschlag, der aus meiner Biografie stammt. Sondern eher mit einer Frage, die dich bei der Überlegung, ob du einen Segelkurs machen möchtest, weiterbringt.
LOTTI: Wunderbar! Zum Beispiel?
HUGO: Was spricht für einen Segelkurs? Was dagegen?
LOTTI: Dann hätten wir Kontakt gehabt.

??? FRAGEN UND ANTWORTEN

Warum erzähle ich überhaupt Geschichten?
1. Einmal aus reinem Reflex heraus. Als Reizwort dient alles, zum Beispiel »Kontaktlinsen«, und schwupp, erinnern Sie sich an die Geschichte in Paris im Hotel, wo Kathrin eine Linse verlor.
2. Es werden auch viele Geschichten erzählt, damit es nicht so still ist.
3. Oder sie werden erzählt, um sich im eigenen Ich zu baden, was nichts mit Ichstärke zu tun hat.
4. Außerdem gibt es noch viele Einzelmotive:

Wenn ich immer wieder erzähle, wie viel Leid ich im Leben hatte, dann will ich Mitleid erregen. Wenn ich erzähle, dass ich Queen Elisabeths Hand geschüttelt habe, dann will ich mich vielleicht wichtig machen. Wenn ich sage, was ich im Leben gut gemeistert habe, dann will ich Applaus und Anerkennung. Wenn ich erzähle, dass ich einen Schönheitswettbewerb gewonnen habe, dann will ich meinen Selbstwert aufmotzen.

Taucht eine Geschichte reflexhaft auf, so heißt das ja noch nicht, dass ich sie erzähle.
Das wäre wünschenswert. Dann hätten Sie den Automatismus im Griff. Aber wenn Sie eines Tages merken, dass Sie eine bestimmte Geschichte gerade zum 800sten Mal erzählen, dann hat der Automatismus Sie im Griff.

Die Stille ist doch unangenehm, dann ist es doch logisch, dass ich was erzähle!
Sie könnten auch über etwas anderes sprechen, aber das hieße, dass Sie noch mal nachspüren müssten. Die Geschichte ist automatisch schnell da. Und wir können uns fragen: Will ich meinem Gegenüber wirklich begegnen oder will ich nur Geschichten austauschen?

Ist das nicht weit hergeholt? Kann es nicht sein, dass zum Beispiel Gerda einfach nur eine bestimmte Geschichte erzählen will?
Was wissen wir über Gerda? Nur sie selbst kann ihre Motive erforschen. Nur sie selbst kann sich klarmachen, ob sie echten Kontakt haben will, ob sie in der Gegenwart oder im Wiederkäuen ihrer Geschichten leben will.

Was soll man sich dann erzählen, wenn man keine Geschichten erzählt?
Mit den Geschichten reproduzieren Sie etwas aus Ihrer Vergangenheit und erzählen sich selber nichts Neues, weil Sie ja Ihre Geschichten kennen. Von daher ließe sich infrage stellen, was denn überhaupt der Reiz am Geschichten-Erzählen ist. Sie scheinen ja richtig Angst zu haben, dass ich Ihnen Ihre Geschichten wegnehme. Wenn es gelänge, die Geschichten zugunsten von Nichtreproduziertem wegfallen zu lassen, wird es interessanter und lebendiger. Das merken Sie auch an Ihrem Gegenüber. Eine gute Alternative zu aufgewärmten Storys wäre zum Beispiel ein Fachgespräch oder eine Fantasiegeschichte.

Aber ich will nicht spaßige, sondern ernste Gespräche führen!
Ich verstehe Sie gut. Wenn wir einen Automatismus verlassen, zum Beispiel den des reflexhaften Geschichten-Erzählens, dann gehen wir durch eine Phase milder »Verhaltensgestörtheit«, die Ihnen künstlich und unangenehm scheint. Aber Sie machen das für einen Gewinn! Probieren Sie's doch eine Woche lang aus und entscheiden dann, ob sich's gelohnt hat. Gegenfrage: Kennen Sie Situationen, in denen Sie mit Geschichten überschüttet werden?

Ja. Und das stört mich. Ich wünsche mir ernsthafte Diskussionen.
Das heißt, es geht Ihnen um Dialog?

Ja, genau. Meine Geschichten formen meine Persönlichkeit, und ich will mich dem anderen doch wirklich zeigen.
Das Ziel ist großartig, und der Weg könnte noch gesteigert werden. Denn das wirkliche Zeigen gelingt eher, wenn Sie, wie oben besprochen, die individuellen Motive für das Geschichten-Erzählen transparent machen. Das gelingt besser als durch das Geschichten-Erzählen selbst.

Aber dann stelle ich mich schwach auf und mein Gegenüber kann doch an der Schwäche nicht interessiert sein. Schwäche ist nicht gesellschaftsfähig!
Sie fassen unsere heutige Situation brillant zusammen: dass als Stärke gilt, eine Angeberstory vom Stapel zu lassen, und als Schwäche, sich selber transparent zu machen. Fragen wir einfach, was erfordert mehr Mut, die Angebergeschichte oder die Offenlegung seiner selbst? Die Antwort ist offenbar und zeigt, dass unsere Standardetikettierungen von schwach und stark genau verkehrt herum gebraucht werden. Natürlich lockt die nächste Falle an dieser Stelle, nämlich in exhibitionistischen, emotionalen Aufwallungen sich als Dramaqueen oder -king in eigenen Schwächen zu suhlen und so sein Gegenüber zu missbrauchen und ihm Energie abzuzocken.

Aber was denkt der andere von mir, wenn ich keine Geschichten erzähle?
Ihre Frage zeigt, dass Sie denken, der andere interessierte sich für Sie. Und dann hängen Sie obendrein einen Selbstaufruf an diese Unterstellung, indem Sie sich sagen, vielleicht denkt er schlecht von mir, wenn ich keine Geschichten erzähle. Vielleicht wird er böse, weil er glaubt, ich enthalte mich ihm vor. Genau an der Stelle können wir wunderbar sehen, wie kompliziert die einfachsten Abläufe gemacht werden können: Ich denke, er denkt, obwohl ich es ja nicht wissen kann, aber sicherheitshalber denke ich doch, dass er denkt, und richte mich dann lieber nach meiner vorgestellten Vermutung. Das ist alles viel zu kompliziert. Hier kann ich Ihnen einen Meistertrick verraten: Wenn Sie wissen wollen, was der andere denkt, dann fragen Sie ihn einfach!

Wie gehe ich damit um, wenn jemand mich mit Storys überschüttet?
Dann haben Sie folgende Strategien:
1. Versuchen Sie, das Gespräch aktiv mitzugestalten und in eine andere Richtung zu drehen. (Erst diese Strategie anwenden und dann die anderen.)
2. Sprechen Sie Ihr Gegenüber offen darauf an, dass Sie sich wie ein Sounding Board, also wie eine Art Schallmauer fühlen.
3. Sagen Sie zu Ihrem Gegenüber den Satz: »Da kann ich innerlich leider nicht mitgehen.«
4. Und wenn alles nicht fruchtet, hilft nur noch weggehen.
5. Geben Sie ihm dieses Buch.

Und wenn ich trotzdem ehrlichen Kontakt haben will?
Punkt 2 nennen und offen das Interesse zeigen und klarmachen: »Wenn du mir Geschichten erzählst, spüre ich den Kontakt nicht.« Die anderen Möglichkeiten, Kontakt zu haben, sind: wirklich von sich sprechen, aktuelle Befindlichkeit, Spaß machen, bei dem verweilen, was uns wirklich interessiert, angeht und bewegt.

Auch wenn ich Storys nicht erzähle, dann DENKE ich sie und bin dann durch das Denken genauso von der Gegenwart abgelenkt. Vielleicht ist es dann doch besser, die Story zu erzählen, anstatt mich zusätzlich damit zu beschäftigen, sie NICHT zu erzählen?
Erfahrungsgemäß verschwinden Geschichten sang- und klanglos. Wenn sie sich jedoch penetrant halten, dann meist aus einem anderen Grund. Beispiel: Ich habe einen neuen Partner und will diesem erzählen, dass mein letzter Partner fremdgegangen ist. Anstatt es zu erzählen, drücke ich das Bedürfnis weg und spüre, dass sich das Bedürfnis doch immer wieder einstellt. Ich halte inne und stelle fest, dass ich Angst habe, dass auch mein jetziger Partner fremdgehen könnte. Damit bin ich wieder bei meiner aktuellen Befindlichkeit. Die Lösung liegt darin, nicht die Geschichte zu erzählen, sondern meinem neuen Partner von dieser Angst zu berichten.

Und dann hört die Geschichte auf zurückzukommen?
Ja, beziehungsweise wird unwichtig, weil das wichtigere Thema in den Brennpunkt meiner Aufmerksamkeit gerückt ist.

Was ist mein Gewinn, wenn ich keine Geschichten erzähle?
Sie lassen Raum für Neues, denn Ihre eigenen Geschichten kennen Sie. Ohne die Geschichten sind Sie mehr in der Gegenwart und können über Dinge sprechen und denken, die nicht automatisch in Ihrem Kopf auftauchen. Je freier Ihr Kopf ist, umso leichter stellen sich Intuition und Inspiration, Kreativität, Spontaneität und Lebensfreude ein. Ferner durchbrechen Sie bei schlimmen Geschichten den selbsthypnotischen Perpetuierungseffekt.

Das heißt, dass ich mich durch das Wiedererzählen in einer Geschichte festhaken kann?
Ja. Es sei denn, Sie haben eben etwas Schlimmes erlebt. Dann ist es gut, dieses Erlebnis so oft zu erzählen, bis Sie sich wieder frei fühlen. Wenn zum Beispiel jemand gerade vergewaltigt wurde, dann ist das Nonplusultra, dies sofort zu erzählen, damit die Erfahrung nicht zu schmerzlich verfestigtem Vergangenheitsstoff wird.

Bei alten Geschichten hilft das nicht?
Doch, aber nur in einer entsprechend konstellierten Situation. Zum Beispiel, wenn ich zu einem Freund sage: »Bitte höre dir meine Geschichte 20-mal an, bis ich mich freigeredet habe.« Also nichts unterjubeln! Das Erzählen zur Problembewältigung braucht eine ganz bestimmte Atmosphäre, in der der Problemträger erklärtermaßen Raum hat.

Mit dem Unterjubel-Prinzip möchte ich Mitleid erhalten?
Ja. Es ist wie eine unterschwellige, unbewusste Manipulation.

Es geht also immer wieder darum, dahinterzuschauen?
Ja, damit die Hauptziele dieses Kommunikationsmodells erreicht werden:
- Nähe zu mir selbst und damit auch zum anderen.
- Mehr Gegenwart und Lebensfreude.

Wenn ich eine alte Story erzähle, fühle ich mich gut. Komme ich so nicht auch in die Ichstärke?
Die Frage versucht, raffiniert zu sein, ist aber im Endeffekt so nicht logisch gestellt, weil hier Ichstärke mit Selbstbestätigung verwechselt wird. Wenn Selbstbestätigung auf Kosten des Gesprächspartners geht, dann ist sie nur oberflächlich

und vermeintlich, weil das eigentlich Nährende im Kontakt bei den Selbstbestätigungs-Laberstorys keine Chance hat.

Ich habe den Trick »Ich lasse jetzt eine unergiebige Geschichte weg« ausprobiert und dann erlebt, dass mich mein Gegenüber penetrant bittet, die Geschichte doch zu erzählen. Es ist so schwer, an dieser Stelle konsequent zu bleiben, wenn ich das wirkliche Interesse des anderen spüre.
Vielleicht glauben Sie nur, der andere wolle wirklich Ihre Geschichte hören. Vielleicht glaubt Ihr Gegenüber das sogar selbst, denn bevor etwas erzählt ist, kann niemand sicher wissen, wie geisttötend eine Story sein kann. Und das heißt einfach, Sie sind noch stärker herausgefordert, bei sich selbst zu spüren, ob es wirklich befriedigend war, die Story erzählt zu haben oder nicht. Wir brauchen genug attraktive Alternativen zum Geschichten-Erzählen.

Das bedeutet, dass man an dieser Stelle auf die anderen Trainingspunkte zurückgreifen kann?
Genau.

4 Trainingspunkt

Hintergrund der Kommentare zum Offensichtlichen erspüren

> KOMMENTIERE NICHT OFFENSICHTLICHES, SPRICH WORTE ERSTER WAHL!

Auch Müll im Kopf ist Umweltverschmutzung.
Ulrich Wickert

Wenn wir Kommentare zum Offensichtlichen vom Stapel lassen, können wir sicher sein, dass persönlicher Kontakt und echte Kommunikation verhindert und Langeweile stabilisiert werden. Das schlichte Fazit lautet somit, dass wir solche Kommentare – auch die zur schönen Natur – einfach streichen dürfen.

Sascha und Nicole

(Nicole und Sascha sind im Urlaub auf Kreta und spazieren in der Abenddämmerung durch eine Küstenstadt, wo viel gebaut wird. Sascha kommentiert die Lage.)
SASCHA: Hier wird aber viel gebaut. Und da vorne ein Hochhaus. Ein gewaltiger Kran. Da hinten bauen sie wohl eine ganze Siedlung. Wahrscheinlich für die Touristen. Die Rohbauten sehen alle gleich aus, alle grau und wie Skelette. Ja, der Zement! Der muss ja auch irgendwie rangeschafft werden. Überhaupt alle Baustoffe!

(Nicoles Kommentar zum Offensichtlichen ist ähnlich nichtssagend.)
NICOLE: Guck mal, der Sonnenuntergang, dieser Himmel, diese Farbe. Da vorne, siehst du *(Sascha ist nicht blind)* das Gelb und wie es übergeht in das Dunkelorange. Und dann dieser leichte Wolkenschleier ganz rechts. Oh, wie herrlich!

Kommentar: Blubbern beide nur vor sich hin? Verbirgt sich hinter Saschas Worten, dass er einfach nicht ins Gefühl und in die Entspannung kommen kann? Und hinter Nicoles Worten, dass sie sich wünscht, Sascha möge auf die romantischeren Aspekte des Urlaubs umschwenken? Wir wissen es nicht. So ist's ihnen jedenfalls gelungen, keinen tiefen Kontakt herzustellen.

Wären die beiden der Spur dieses Trainingspunktes gefolgt, hätten sie zunächst einmal wahrgenommen und gefühlt, was sich hinter der Versuchung, reflexhafte Kommentare zu machen, verbirgt. Sascha spürt, dass er es toll findet, auf einer Insel zu sein, ein bisschen ausgesetzt und abenteuerlich, obwohl – zu seiner Beruhigung – die Versorgung, siehe Baustoffe, gut klappt. Nicole spürt ebenfalls, wie wohl sie sich fühlt und wie sehr der herrliche Abendhimmel eine äußere Abbildung ihres inneren Glücksgefühls ist. Hätten die beiden ihre Empfindungen, die sich hinter ihren Kommentaren zum Offensichtlichen verbergen, ausgedrückt, hätten sie ihre gegenwärtige Situation verbal bejaht, sich ihre Urlaubsfreude bestätigt und mehr Kontakt zu sich selbst und zum anderen gehabt.

Bei diesem Punkt sind die folgenden, schon bekannten *Trainingshinweise* wieder gefragt:

> ▸ Je mehr wir uns auf das einlassen, was wir hinter oberflächlichen Kommentaren spüren, umso inniger ist unser Kontakt und umso verbundener sind wir mit der Gegenwart. Und das ist die einzige Zeit, die wir haben.
> ▸ Wenn wir sagen, was wir wirklich spüren und meinen, benutzen wir Worte erster Wahl, anstatt uns im Kommentar zum sowieso Offensichtlichen mit der zweiten Wahl zu begnügen.

Es ist erstaunlich, wie viel Raum Kommentare dieser Art einnehmen. Und es ist eine echte Herausforderung, die eigentliche Befindlichkeit hinter einem Kommentar zu erspüren. Ob wir diese zum Ausdruck bringen möchten oder nur den Kommentar ersatzlos streichen, ist unsere Entscheidung.

Wenn wir am Empfängerende nichtssagender Kommentare sind, können wir zur *Frustprophylaxe* Kontakt herstellen, indem wir vertiefende Fragen stellen:

> NICOLE: Was beeindruckt dich persönlich an der Bauerei auf Kreta?
> SASCHA: Was löst der Abendhimmel in dir aus?

Am einfachsten ist es sicher, wenn wir unsere Redegewohnheiten zusammen mit anderen vom Zwangsverlauf befreien. Aber auch alleine zu üben tut gut!

Hugo im Dauergeblubber

> HUGO: Lotti, du brauchst nicht mit mir über diesen Punkt zu sprechen. Das wird nur peinlich. Es gibt nichts, wozu ich keinen Kommentar abzuliefern hätte. Aber das weiß ich jetzt.
> LOTTI: Gib mir doch eine Kostprobe. Stell dir vor, wir wären auf einer Hochzeitsfeier. Und tu mir den Gefallen, deine Kommentare noch zu übertreiben.
> HUGO: Okay. Dir zuliebe. Da vorne sind ja die Gäste. Sind ganz schön viele. Da kommt die Braut. Sie ist weiß gekleidet. So ein großes Auto. Ach, da ist der Bräutigam. Ich schätze, dass wir 15 Grad haben. Im Mai könnte es eigentlich wärmer sein. Ich habe mir die dicke Jacke angezogen. Das Festmahl ist in dem Haus da drüben. Das mit dem Dach.
> *(Lotti lacht.)*

¿ ¿ ¿ FRAGEN UND ANTWORTEN

Sagen wir, ein Theaterstück begeistert mich, kann ich dann nicht kommentieren: »Oh, was für ein schönes Stück?«
Meistens transportiert der Tonfall den Bärenanteil der Befindlichkeit. Diese könnte ich jedoch auch in Worte fassen, indem ich nicht so sehr das Ereignis da draußen kommentiere, etwa das Theaterstück, sondern das Ereignis in mir zur Sprache bringe. Dann würde ich zum Beispiel sagen: »Oh, ich habe Lust, wie in dem Theaterstück auch mal auf dem Boden ein Festessen zu zelebrieren. Ich fühle mich total inspiriert durch die vielen verrückten Ideen.« Dadurch erfasse ich die tiefere Wirkung, die das Stück auf mich hat. Und je tiefer, desto spannender.

Durch das Kommunikationsmodell kann ich mich selbst kennenlernen?
Ja.

Wieso gilt es, bei Kommentaren zum Offensichtlichen wachsam zu sein?
Weil ich sonst nicht merke, dass ich diese Kommentare überhaupt mache. Wachsamkeit ist Präsenz im Gegensatz zum Automatismus. Alles automatische Gerede ist ein Stockwerk unbewusster als das nicht reflexhaft Gesprochene. Noch ein Stockwerk unbewusster sprechen wir, wenn wir überdies verstrickt sind.

Was meinen Sie mit »verstrickt«?
Ich unterscheide zwischen Bewusstheit und Verstrickung. Je bewusster ich bin, desto wacher sind auch die Gedanken, die ich denke und äußere. Umgekehrt gilt: Je unbewusster ich bin, umso mehr werde ich von unfreiwilligen Gedanken und Emotionen überschwemmt.

Das heißt: Verstrickung ist Unbewusstheit?
Ja, immer. In der Verstrickung packt mich etwas, anstatt dass ich etwas packe. Auf der Bewusstseinsskala von 0 bis 100 ist es der Punkt 50, bei dem die Verstrickung beginnt.*

---

* Ausführlich gehe ich in meinem Buch *Werden Sie Ihr eigener Glückspilot* auf die Bewusstseinsskala ein.

Ist das Ziel Ihres Kommunikationsmodells, den Kopf immer freier zu bekommen?
In der Tat: Es ist ein regelrechtes Kopf-frei-Training, mit dem wir uns mehr und mehr für die Fullinger-Erfahrung disponieren können.

Wenn ich einen Kommentar zum Offensichtlichen mache, könnte es ja sein, dass ich gerade dadurch Kontakt herstellen möchte. Nämlich, indem ich herausfinde, ob der andere die Situation genauso empfindet.
Das könnten Sie ihn direkt fragen!

Stellt sich die Wachheit irgendwann automatisch ein?
Schön wär's! Ich glaube sicher, dass alles trainierbar ist. Ich glaube allerdings auch, dass jedem noch so guten Trainingswillen Grenzen gesetzt sind.

Wie meinen Sie das mit den Grenzen?
Dass es auf die Tiefe des Wollens ankommt. Wenn mein Wollen grenzenlos ist, dann sind auch die Ergebnisse grenzenlos. Es scheint aber, dass die Tiefen des Wollens bei Menschen unterschiedlich sind, warum auch immer.

5 Trainingspunkt

Festlegende Äußerungen unter die Lupe nehmen

> RED DICH NICHT FEST, SONDERN FREI!

Eigentlich bin ich ganz anders, nur komme ich so selten dazu.

Ödön von Horváth

Festlegende Äußerungen entspringen der Erfahrung, die wir mit uns und der Welt gemacht haben. Erfahrungen sind nur gelegentlich einigermaßen objektiv. Deshalb setzt pauschales Verallgemeinern einen Schlussstrich vor die Zukunft. Wer sagt, alle Männer seien launisch und nörglerisch und alle Frauen aggressiv und verkopft, verallgemeinert einen Ausschnitt und erschwert damit ein unvoreingenommenes Weltverständnis. Jede Gegenwart ist neu und enthält potenziell mehr Möglichkeiten, als sich die Vergangenheit träumen lässt. Schade also, wenn wir sie durch festlegende Äußerungen behindern!

Einige Beispiele

MANN: Die Firma Sonstwas hat noch nie Leute ohne Abitur eingestellt; da brauchst du dich gar nicht erst vorzustellen.
FRAU: Ohne PC-Kenntnisse bist du heutzutage ein Neandertaler.
MANN: Meine Frau hat mal wieder ihre Migräne.
FRAU: Wenn ich morgens nicht meine Zitrone mit Honig trinke, ist der ganze Tag hin.
MANN: Ich war noch nie ein Rechengenie, habe einfach keine Zeiteinteilung, bin nicht kreativ und habe einen ganz unsicheren Geschmack.

Kommentar: Durch derart festschreibende Aussagen können wir Veränderungen, Überraschungen, neue Rillen im Hirn, Wachstum, Ermutigungen und Lebensfreude erfolgreich verhindern. Auf den Müll damit!

Rein sachliche Informationen hingegen sind praktisch. Zu diesen *Ausnahmen* einige Beispiele:

FRAU: Wenn ich menstruiere, bin ich besonders kreativ.
MANN: Ich kann locker vier Getränkekästen auf einmal tragen.
FRAU: Ich trinke Kaffee blond und süß.

Natürlich ließe sich gegen diese festlegenden Äußerungen einwenden, dass die Frau ihre Kreativität an den menstruationsfreien Tagen beschneidet, der Mann vielleicht auch sechs Kästen tragen könnte und die Frau ihre noch größere Vorliebe für süß und schwarz verpasst. Das könnte alles tatsächlich so sein. In strengster Ausübung dieses Trainingspunkts hätten wir sogar auf festlegende Äußerungen zu verzichten, die zunächst rein informativ und eher konstruktiv scheinen. Schärfen wir einfach die Wahrnehmung für einengende Aussagen, um sie im Bedarfsfall leichter fallen lassen zu können.

Abträgliche Festlegungen haben eine ungünstige Suggestivkraft. Deshalb schnell innerlich dichtmachen, wenn so ein Text angerollt kommt. Zur Veranschaulichung erzähle ich Ihnen eine Geschichte (vgl. Ausnahme Seite 48). Vor vielen Jahren hatte ich eine erhebliche Fußverletzung, über die von vielen Seiten der festlegende Kommentar erging: »Das wird jetzt immer eine Schwachstelle von Ihnen sein.« Alles in mir hat diese destruktive Festlegung abgelehnt. Inzwischen ist mein Fuß bereits seit etlichen Jahren völlig fit und nicht der Hauch einer Schwachstelle ist übrig geblieben.

Hugo im Mentalknast

HUGO: Mit dem Punkt brauchst du mir auch nicht zu kommen, Lotti. Ich bin Spezialist bezüglich festlegender Äußerungen.

LOTTI: Wie gut du dich inzwischen kennst. Deine Verflossenen würden in Glückstränen ausbrechen. Mach doch Folgendes: Verkehre die Klassiker deiner Festlegungen ins Gegenteil und zähl mal ein paar auf.

HUGO: Was für entzückende Ideen du hast. Hier ein paar Umkehrungen: Ich rede so mitreißend, dass alle Frauen gebannt zuhören. Ich bin ein Erfolgstyp. Ich sage immer, ohne mich läuft's noch besser. Lotti, wenn du mal einen einkehrlichen, stillen Genießer suchst – hier steht er vor dir. Und das Gute an mir ist, dass ich nie abgestandene Geschichten erzähle oder mit festlegenden Äußerungen langweile. Und fit bin! Morgens springe ich vom Bett in die Turnschuhe und jogge los, während andere sich noch verschlafen einen Kaffee machen. Ich bin Kraftprotz, Entertainer und Buddha in einer Person.

LOTTI: Und wie fühlt sich das an, wenn du deine Festlegungen ins Gegenteil verkehrst?

HUGO: Leicht und lustig.
LOTTI: Das glaube ich gern, denn sie sind frischer Wind im hermetisch verschlossenen Gedankengefängnis.

??? FRAGEN UND ANTWORTEN

Inwiefern ändert sich mein Denken, wenn ich aufhöre, einengende, festlegende Äußerungen zu machen?
Durch das Weglassen von Festlegungen praktizieren Sie Wachheit Ihrem eigenen Denken gegenüber, und das ist bereits die Veränderung. Und Sie halten sich die Möglichkeit offen, dass Ihr Leben vielleicht doch ganz anders sein könnte, als Sie bisher festschrieben.

Wenn sich mein Denken durch Wachheit verändert, kann sich dann mein Denken schon ab dem ersten Übungstag ändern?
Ja! Sofort. Weil einfach stimmt: entweder Gedankenzwangsverlauf oder Wachheit.

Wie schütze ich mich vor festlegenden Aussagen anderer? Reicht es, wenn ich mir bewusst bin, dass der andere eine festlegende Äußerung gemacht hat?
Nein, das reicht an dieser Stelle leider nicht immer. Wenn ich von außen auf eine ungute Art festgelegt werde, muss ich sofort in mir spüren: Perlt das an mir ab oder muss ich das aktiv zurechtrücken?

Was meinen Sie mit »aktiv zurechtrücken«?
Ganz klar äußern: Nimm das zurück, das lasse ich nicht stehen! Wenn es mich aber innerlich nicht anficht, dann ist es egal. Eine Aussage wie »eine Frau ohne Mann ist wie ein Auto ohne Motor« kann manche anfechten und andere tangiert sie gar nicht.

Wie ist es, wenn ich die Aussage nicht zurückweisen kann, zum Beispiel bei meinem Chef?
Ich unterscheide zwischen einer Zurückweisung und einer Klarstellung. Für sich selbst in einer kritischen Situation Partei zu ergreifen, darf nicht durch antrainierte äußere Respektgebote auf der Strecke bleiben.

Weil man sich dann nicht ernst nimmt?
Ja. Denn ich bin wichtiger als mein Chef. Und auch der Chef mag das. Ihn nicht zurückweisen, sondern nur klarstellen!

Was ist, wenn derjenige nicht mehr verfügbar ist?
Wenn ich den Moment der Klarstellung verpasse und der andere nicht mehr verfügbar ist, dann muss ich's für mich selber klarstellen. Unter Umständen über die ausgelöste Befindlichkeit mit jemand sprechen. Auf keinen Fall innerlich anstauen, denn das führt zu unbekömmlichen Formen der Selbsthypnose.

Es reicht dann, das jemand anderem zu sagen?
Was reicht, ist individuell verschieden. Für manche reicht das Aussprechen. Andere müssen es sich ganz bewusst machen oder so oft wie nötig über jene falsche Festlegung sprechen.

Was genau verstehen Sie unter Selbsthypnose?
Jede geglaubte Festlegung.

Ist Selbsthypnose nicht ein verbreitetes Phänomen?
In der Tat. Und es ist nicht nur unser privater, sondern kollektiver Denkalltag.

Was sind Beispiele für kollektive Denkmuster?
Wenn Sie sich mit der Pensionierung alt fühlen und alt denken, dann sind Sie es auch. Wer im Geschäft die Creme für die Haut ab 30 und ab 40 sieht, dessen Körper weiß, was die Stunde geschlagen hat. Wer sich jedoch ab 52 ganz langsam auf die Midlife-Crisis vorbereitet, gibt sich selbst andere Impulse.

Was ist das Unterscheidungskriterium zwischen einer festlegenden Äußerung, die einengt, und allgemeinen Aussagen über mich selbst?
»Ich gehe nie nach 19 Uhr aus dem Haus.« »Ich brauche zwei Liter Wasser pro Tag.« Das Kriterium ist, ob es mich einengt oder nicht. Lege ich mich fest in Bezug auf etwas, was ich eigentlich gerne anders hätte, oder konstatiere ich einfach eine Tatsache? Sagt jemand beispielsweise »Dazu bin ich zu blöd!«, dann fühlt sich das anders an als »Ich esse gerne Schokolade.«

6 Trainingspunkt

Psychologisieren durch Verständnis ersetzen

> VERSTEH ANDERE MIT KOPF *UND* HERZ!

Das Wissen bläst auf, aber die Liebe baut auf.
1. Korinther 8

Bei diesem Trainingspunkt unterscheiden wir zwischen psychologisch versiertem Einfühlungsvermögen und Psychologisiererei ohne inneres Verständnis, ohne Herz. Wenn wir uns mit psychologischer Wendigkeit in andere hineinversetzen, dann erleben wir empathisch, was sie bewegt, anstatt sie in einem intellektuellen Psychologisiernetz zu fangen und sie emotional in die Wüste zu schicken. Das ignoriert nämlich das Schmerzliche am Schmerz. Leid wird auf sachliche Erklärungen reduziert. Wirkliches Verständnis und Kontakt finden in der Psychologisiererei keinen Raum.

Kurt und Sonja – Klappe, die erste

(*Sonja leidet wahnsinnig unter ihrer Eifersucht und vertraut sich Kurt, ihrem neuen Freund, an.*)

KURT: Ja klar, bist du eifersüchtig. Du hast doch diese jüngere Schwester, Uschi, die dir immer vorgezogen wurde. Da fing deine Eifersucht an. Ständig hast du belauert, was Uschi geschenkt bekam, durfte und an Zuwendung erhielt und hast's mit den Gunsterweisungen, die dir galten, verglichen. Und heute machst du das gleiche Spiel mit deinen Partnern. Also mich wundert's nicht, dass du eifersüchtig bist.

Kommentar: Kurt hat zwar irgendeine – vielleicht sogar richtige – Erklärung für Sonjas Eifersucht, aber vermutlich sagt er ihr damit erstens nichts Neues und zweitens erreicht er sie emotional überhaupt nicht. Im Gegenteil! Er schreibt ihr Problem nochmals fest, anstatt dazu beizutragen, dass es gelöst wird. Das »sterile« Psychologisieren ist also eine fantastische Möglichkeit, Kontakt und Lebensfreude zu versauen. Kurt will sich als »Psychocrack« profilieren. Er betreibt Egopflege, anstatt wirklich zu spüren, was Sonjas Geständnis bei ihm auslöst. So ist er weder bei sich noch bei Sonja. Eine einfühlsame Variante mit »spürigem« Verständnis folgt:

Kurt und Sonja – Klappe, die zweite

SONJA: Mensch, Kurt, du musst wissen, dass ich extrem eifersüchtig bin. Ich betrachte und missdeute das Verhalten meiner Geliebten immer mit eifersüchtigem Blick. Jetzt bist du mein Geliebter. Ich fürchte, dich mit meiner Eifersucht genauso verrückt zu machen wie meine anderen Partner. Deshalb habe ich beschlossen, es dir direkt zu sagen.
KURT: Ist dir das schwergefallen?
SONJA: Und wie! Du bist der Erste, dem ich sozusagen vor Ausbruch meiner Eifersuchtsattacken reinen Wein einschenke.
KURT: Mit mir machst du's anders als mit den anderen?
SONJA: Ja genau, in der Hoffnung, dass durch einen anderen Anfang eine neue Richtung in meinem Eifersuchtstheater möglich wird.
KURT *(spürt genau, was er fühlt)*: Hm, ja, das zeigt auch, dass du den Erfolg unserer Beziehung willst, oder?
SONJA: Ja, sehr will ich den!

KURT: Das freut mich außerordentlich!
SONJA: Heißt das, du findest mein Geständnis gar nicht schlimm?
KURT: Im Moment erlebe ich es mehr als Vertrauensbeweis. Wenn wir beide ganz aufmerksam mit diesem Thema umgehen, können wir vielleicht gewinnen.
SONJA: Ich fühle mich unterstützt und zuversichtlich.
KURT: Gibt es irgendetwas, das ich konkret tun könnte?
SONJA: Vielleicht ist es am besten, wenn du mir im Ernstfall einfach nur zuhörst.
KURT: Das kann ich dir versprechen.

Die Wirkung des Gesprächs ist, dass Sonja ihrem nächsten Eifersuchtsanfall mit viel mehr Entspanntheit und Gelassenheit entgegensieht als je zuvor in ihrem Leben. Dadurch ist ihr mehr geholfen als durch jeden noch so gescheiten »Psychologisier-Auswurf«. Die Liebe der beiden ist durch dieses Gespräch vertieft, weil Sonja sich wirklich verstanden fühlt und Kurt eine Wertschätzung durch ihr Vertrauen erfahren hat.

Wenn wir jemandem Verständnis entgegenbringen, ist das weit mehr, als wenn wir lediglich seine Psychomechanik analytisch knacken. Zum guten Gelingen mögen die folgenden *Trainingshinweise* führen. Die sich durchziehende Voraussetzung für einen guten Kontakt ist wieder die Anbindung an das eigene Gefühl. Nur so kann eine Herzensverbindung hergestellt werden. Das kurze Motto lautet wieder:

Wer bei sich ist, kann auch beim anderen sein.

Verständnis lässt dem Gegenüber Raum. Konkret heißt das: *genau zuhören und zurückfragen*, um sicher zu sein, den anderen richtig verstanden zu haben. Dieses Verstehen rüberzubringen, ist wichtiger, als eine Analyse hinzulegen. Gleichzeitig ist ein wacher, mitgehender und auch analytischer Geist sehr wertvoll und soll nicht durch ein schwabbeliges Seelenschwämmchen-Getue ersetzt werden. Also klarer Kopf *und* weiches Herz!

Die *Selbsterforschung* wird schnell ergeben, dass wir aus unserer Mitte rutschen und schwerer bei uns bleiben können, wenn wir im Seelenschwämmchen oder im schneidenden Psychologisierkopf stranden. Zur *Frustprophylaxe* hilft dann wieder: innehalten, atmen, mitkriegen, was hinter dem Vordergründigen eigentlich los ist. Wenn wir dann innerlich zu dem stehen, was bei uns abgeht, und zum Ausdruck bringen, stabilisieren wir augenblicklich die Nähe zu uns selbst und zum anderen.

Hugo auf dem Weg zum Herzen

LOTTI: Ich erfinde jetzt ein Problem und du reagierst bitte zuerst mit Psychologisiererei und dann mit Verständnis.

HUGO: Gut. Schieß los.

LOTTI: Ich habe einen merkwürdigen Schluckzwang.

HUGO: Ist eigentlich nicht erstaunlich. Deine Mutter hat dich doch »gestillt« wie verrückt, ohne Milch zu haben. Und du armes Würstchen hast eitel geschluckt, ohne ein Tröpfchen zu bekommen. Das Schlucken war so eine Art Überlebensinstinkt, der dich auch heute immer wieder packt.

LOTTI: Das hast du überzeugend gemacht. Ich fühle mich gedeutet, aber nicht abgeholt. Jetzt bitte anders. Mit Verständnis.

HUGO: Schluckzwang. Meinst du wirklich den physischen Schluckreflex oder geht es auch ums Schlucken im übertragenen Sinn?

LOTTI: Hauptsächlich im übertragenen Sinn.

HUGO: Und was schluckst du so?

LOTTI: Eigentlich alles: Unterstellungen, Gemeinheiten, Schuldzuweisungen, Unflätigkeiten.

HUGO: Und wie würdest du lieber reagieren?
LOTTI: Ich würde mich lieber wehren.
HUGO: Kannst du mal ein konkretes Beispiel gelingender Wehrhaftigkeit erzählen?
LOTTI: Klar, das könnte ich. Aber wir können das Experiment auch abbrechen. Ich fühle mich verstanden.
HUGO: Und ich gestehe, dass ich früher immer psychologisiert habe und mich wunderte, wieso das nicht gut ankommt. Wenn ich Verständnis mit klarem Denken paare, fühle ich mich selbst viel besser.

??? FRAGEN UND ANTWORTEN

Hilft nicht die Kenntnis der Problemursache bei dessen Auflösung?
Die Ursachenklärung eines Problems ist nützlich, wenn daraus Handlungskonsequenzen abgeleitet werden. Wenn ich zum Beispiel gut verstanden habe, dass meine Angst vor betrunkenen Männern daher rührt, dass mich mein betrunkener Vater immer geschlagen hat, dann ist für die Auflösung wichtig, dass ich ganz konkret einen neuen Zugang zu Männern einübe und nicht in achselzuckendem, analytischem Durchblick und Selbstmitleid den Kopf in den Sand stecke.

Wo ist die Abgrenzung zwischen Psychologisiererei und gedanklicher Vertiefung?
Ganz einfach. Hier gibt es zwei Kriterien:
1. Psychologisiererei ist alles, was die Verbindung zum anderen stört und der Problemlösung nicht dient.
2. Gedankliche Vertiefung ist alles, was den Kontakt erhöht und dem jeweiligen Thema dient.

Was meinen Sie damit, einem Thema zu dienen?
Zum Beispiel die Themen Angst und Eifersucht. Hier muss die Absicht sein, wirklich auszusteigen, anstatt nur gescheit über verschiedene Aspekte von Angst und Eifersucht zu referieren.

Was ist das Ziel beim Sprechen über persönliche Probleme?
Das Ziel ist, andere auf ihrem Weg zu unterstützen. Wichtig ist daher zu verstehen, was dem anderen guttut, und ihm nicht überzustülpen, was ich für seinen Weg halte. Letzteres ist die Falle »Helfersyndrom«.

Was ist eigentlich ein Helfersyndrom genau?
Wenn ich es brauche, dass der andere tut, was ich für ihn für gut halte. Und wehe, er befolgt meinen guten Rat nicht! Dann leide ich und zappel im Helfersyndrom. Helfersyndrom heißt: Der Helfer ist der Hilflose, der sich am vermeintlich Hilflosen stabilisieren möchte.

Inwiefern hilft mir das Kommunikationsmodell, aus dem Helfersyndrom auszusteigen?
Zentrales Ziel ist, mehr zu sich selbst zu kommen. Wer zu sich selbst kommt, ist seelisch autonomer und braucht die Schwäche des anderen nicht mehr, um sich selbst stärker zu fühlen. Wenn ich in gutem Einklang mit mir selbst bin, muss ich mir nichts mehr beweisen, auch nicht, dass ich ein guter Helfer bin.

Was ist, wenn ich Psychologisiererei als Frage formuliere?
Dann stülpe ich dem anderen nichts über, sondern bereite einen Laufsteg für eine eigene Antwort. Voraussetzung ist, dass ich sensibel frage.

Wie gehen Sie in Ihren Einzelsitzungen vor? Besteht nicht die Gefahr, bei unzureichender Analyse auf eine Fehlspur zu geraten?
Recht haben Sie! Die Analyse ist entscheidend. Deshalb gehe ich philosophisch vor. Die sokratische Methode besteht darin, Fragen zu stellen. Ich gehe grundsätzlich davon aus, dass alle Lösungen und Antworten beim Probleminhaber sind. Deshalb beschreibe ich das Problem überhaupt nicht, sondern stelle lediglich Fragen mit dem Ziel, dass der andere selbst auf die Antwort kommt. Ich will, dass die vorhandene Antwort sich zeigt. Dafür setze ich meine ganze Aufmerksamkeit und Energie ein. Ich konzentriere mich darauf, wann ein Problemträger sein Problem *nicht* hat.
Um das an einem banalen Beispiel zu verdeutlichen: Der fresssüchtige Heinz hat keine Fressattacken, wenn er mit Käthe durch die Eifel wandert. Was ist in dieser Situation anders? Er unterhält sich gut mit Käthe und genießt die Natur. Dann gilt es weiterzufragen: Wie kannst du mehr gute Unterhaltung und Natur in dein Le-

ben einbauen? Und schon bin ich auf der Lösungsspur anstatt im Problem. Lösungsgeil und nicht problemfixiert vorgehen!

Der Hintergrund des Problems wird en passant sichtbar. Zum Beispiel, dass Heinz als Kind keine Ansprechpartner hatte und diesen mangelnden Kontakt mit Süßigkeiten überdeckt hat. Käthe durchbricht dieses Kindheitsmuster. Es ist alles so einfach, auch wenn die Einstellung vorherrscht, dass es so einfach nicht sein könne.

Das Gleiche gilt für Symptome. Wenn jemand immer Kopfschmerzen hat, gilt es auch hier zu fragen, wann das nicht der Fall ist.

Kurz: Es geht darum, sich auf die Situationen und Momente zu konzentrieren, wo das Gegenüber das Symptom nicht hat, und in diesen findet der Klient die Antwort auf sein Problem.

Und wie arbeiten Sie in Ihren Seminaren?
Persönliche Probleme lösen wir bevorzugt in den Selbstbefreiungsseminaren. (Neben den Selbstbefreiungsseminaren biete ich auch Lehrseminare an. Mein aktuelles Seminarprogramm können Sie einsehen unter www.ute-lauterbach.de.) Da besteht die hervorragende Möglichkeit, das Problem zu personifizieren, indem verschiedene Teilnehmer die Dynamik des Problems repräsentieren. Dadurch wird Gelegenheit geboten, direkt auf die Lösung zuzusteuern. Leidet zum Beispiel jemand unter Eifersucht, dann könnten die Eifersucht und der damit meist verbundene angeschlagene Selbstwert repräsentiert werden. Wenn die so personifizierten Problemanteile dann miteinander ins Gespräch kommen, zeichnen sich in der Regel blitzschnell Lösungen ab. Natürlich kann man durch gezieltes Fragen sehr weit kommen. Im genannten Beispiel wäre die Eifersucht zu fragen: »Was brauchst du, um verschwinden zu können?« Sie sagt dann genau das, was sie im Moment fühlt.

Da besteht keine Gefahr, zu psychologisieren?
Nein, denn das Erleben ist so unmittelbar, dass der Kopf genial unterlaufen wird. Und wenn trotzdem ein Repräsentant komplett in der Birne eiert, dann ist genau das der Königsweg, der die Lösung offenbart. Eine hohe – und doch leichte – Kunst!

7 Trainingspunkt

Nicht über Abwesende auf Kosten Anwesender sprechen

> **SPRICH ÜBER DICH, ANSTATT ÜBER ABWESENDE HERZUZIEHEN!**

Alles wirkliche Leben ist Begegnung.
Martin Buber

Wer sich emotional packen lässt und dann verbal abschwirrt, verliert augenblicklich nährenden Kontakt zu sich und – wie immer – zu seinem Gegenüber. Haben uns böse Abwesende verletzt, beleidigt, genervt, irritiert, ist die Versuchung groß, unschuldigen Anwesenden damit die Ohren vollzuhängen. Die *Ausnahme* liegt vor, wenn wir einfach nur über unsere Verletztheit, also unsere gegenwärtige Befindlichkeit sprechen. Dann sind wir bei uns. Das ist erlösend und hilfreich. Es geht dann primär nicht um die abwesende Person, sondern um die eigene Gefühlslage. Das spürt jeder Gesprächspartner, weshalb uns seine Aufmerksamkeit gewiss ist. Reiten wir jedoch auf einem Sündenbock-Pflegetrip herum und regen uns über den Abwesenden auf, ohne auf Konstruktivität zu sinnen, so schwächt uns das Gespräch und zieht den anwesenden Ohrinhalter gleich mit in die Schwächung.
Halten wir fest: Lebendigkeit, Gegenwartsbezug und Kontakt können wir hervorragend verhindern, indem wir in emotionaler Aufruhr andere mit Gerede über Abwesende überschütten. Besonders wirkungsvoll ist dieses Vorgehen natürlich, wenn die Abwesenden zugleich Unbekannte sind.

Karin und Birgit

Die aufgebrachte Karin erzählt ihrer Freundin Birgit, was irgendein Mann zu ihrer Mutter gesagt hat:

KARIN: Also stell dir vor, da sagt der Dobenklöber zu meiner Mutter, wenn sie so weitermache, dann würde das bestimmt irgendwo hinführen und dann könne sie ja sehen. Also der hat doch 'nen Knall. Sitzt da hoch zu Ross und meint, er müsse aller Welt erklären, was eine Synkope mit rückwärtigem Aufschwung ist. Und dann hat er immer, wirklich immer, gelbe Socken an. Ich will ja nix sagen gegen Männer mit Ohrringen, aber der hat einen im Ohr und zwar links! Oder doch rechts? ...

Kommentar: Und wenn sie nicht aufgehört hat, so redet sie auch heute noch. Birgit hat keinen Bezug zu dem, was Karin spricht. Sie kommt sich austauschbar vor, fühlt, lediglich Klagemauer ihrer Freundin zu sein. Somit hat Karin auf Kosten der Anwesenden über den Abwesenden gesprochen.

Es gibt eine gleichermaßen Kontakt versenkende Spielart in der Rubrik »Gerede über Abwesende«, bei der das anwesende Gegenüber nicht zur Klagemauer, sondern schlichter nur zur Schallmauer, zum Klangbrett, zum Sounding Board wird. Der Sprecher redet einfach in irrelevanten Ausschweifungen über – möglichst unbekannte – Abwesende. Besonders gekonnt ist natürlich, Fragen generell nicht zu beantworten, sondern nur leicht zu streifen.

Bernd und Erika

(Bernd wird im folgenden Gespräch mit Erika zur Schallmauer.)

BERND: Seit wann arbeitet Herr Steighuber eigentlich im Zoo?

ERIKA: Herr Steighuber hat seine Frau vor 18 Jahren kennengelernt und dann sind die beiden nach Moskau gereist.

BERND: Ja, aber ...

ERIKA *(unterbricht ihn)*: Dort ist seine Frau schwanger geworden. Du weißt, der kleine Helge, der jetzt mit einem Freund nach Australien ausgewandert ist. In Melbourne ...

BERND: Zoo!

ERIKA: Nein, in Melbourne gibt es keinen Zoo. Aber Helges Freund, Thomas heißt er, hat sich mit einer neun Jahre älteren Frau zusammengetan, die erst letzte Woche einen Autounfall hatte. Das hat mir Frau Steinhuber erzählt; sie hatte gerade eine Mail bekommen. Wie die neue Frau von Helges Freund heißt, weiß ich grad nicht. Es war ein schöner englischer Name. Genau, Alice! Ich dachte noch an *Alice im Wunderland*. Ist übrigens ein gutes Buch. Ich hab's nie gelesen. Kein schlimmer Autounfall. Nur Blechschaden, aber ärgerlich ist's allemal. Weißt du noch, unser Unfall damals an der Kreuzung Richtung Dings? Bernd?

(Bernd liest in einer Zeitung, hört nicht mehr zu.)

Sag mal, hörst du mir gar nicht zu? Schließlich hast du mich was gefragt und jetzt hörst du noch nicht mal zu.

BERND: Weil du mich mit Weitschweifigkeit erdrückst und langweilst, anstatt zu antworten. Ich komme mir vor wie eine völlig überflüssige Schallmauer.

Erika verliert sich in ihren Ausführungen, die sie einfach abblubbert, ohne Gefühl für Bernd oder sich. So verspielt sie Beziehungsglück und Gegenwart. Warum macht sie das? Viele Antworten sind denkbar. Wir streifen stichwortartig einige:

> Sie fühlt sich unbehaglich in der Nähe zu sich und anderen.
> Sie kann Stille nicht ertragen, weil sie dadurch an miese Stimmungen in ihrer Ursprungsfamilie erinnert wird.
> Sie wurde als Kind immer vom älteren Bruder an die Wand geredet und rächt sich jetzt an Bernd, der stellvertretend für ihren Bruder steht.
> Wenn sie redet, spürt sie ihre depressiven Verstimmungen weniger.
> Im Reden lenkt sie sich von sich selbst ab und merkt nicht, dass sie nichts zu sagen hat.

Hugo in der Überforderung

HUGO: Mensch, Lotti, bei diesem Trainingspunkt trete ich nicht von einem Fettnapf in den nächsten, sondern sitze komplett drin. Ich rede – beachte die Vergangenheitsform – ständig über Abwesende auf Kosten Anwesender. Ich dachte, das würde mir guttun.

LOTTI: Und? Hat's dir gutgetan?

HUGO: Wenn ich genau wahrnehme, verfestigte ich damit meinen Groll, anstatt ihn zu lösen. Tut mir also nicht gut. Außer ich versuche wirklich, ein lösungsorientiertes Gespräch zu führen. Aber dann ist der Anwesende wichtig und als Gegenüber im Fokus.

LOTTI: Und was würdest du jetzt zu mir sagen, wenn du nicht auf meine Kosten, sondern mir zugunsten sprächest?

HUGO: Ich liebe deine Fragen.

??? FRAGEN UND ANTWORTEN

Eigentlich haben wir doch alle gelernt, nicht auf Kosten Abwesender über diese zu sprechen. Behaupten Sie, über andere auf deren Kosten zu reden, ist legitim, wenn mir dies Kontakt zum Gegenüber erlaubt?
Ja. Denn wenn ich so über andere rede und ablästere, dann tue ich das in Wirklichkeit zu meiner Erleichterung. Und was mich erleichtert, tue ich nie auf Kosten anderer. Erleichtere ich mich nicht, entsteht Groll. Angestellte lästern über den Chef. Das tut ihnen gut und sie kommen so wieder ins Gleichgewicht. Das ist für den Chef besser, als wenn sie den Ärger herunterschlucken.

In einem Ihrer anderen Bücher, *Raus aus dem Gedankenkarussell,* sagen Sie, dass jedwedes Urteilen ein Hindernis ist. Widersprechen Sie sich hier nicht, wenn Sie sagen, abzulästern sei eine Möglichkeit, sich Luft zu verschaffen?
Da haben Sie mich aber erwischt! Es ist so: Beides hat eine wertvolle Funktion.

Entgegen der moralischen Werte unserer Gesellschaft sind Sie also für das Lästern?
Ich bin nicht für das Lästern, sondern für die psychohygienische Erleichterung. Ich ziehe nicht über jemanden her, um ihn schlechtzumachen, sondern um keinen Groll anzustauen, der sich auch für die Zielperson schlecht auswirkte. Um schneller in den Frieden zu kommen, um Abstand zu gewinnen usw., ganz gewiss nicht, um mein Gegenüber niederzumachen.
Wenn ich jemanden anschwärze, schlechtmache und mir im Mobbinggeist Vorteile verschaffe, dann ist das fies und gemein und nicht mehr vom Verständnis dieses Kommunikationsmodells getragen und hat auch nicht den erleichternden Effekt. Dann manipuliere ich mein Gegenüber und habe keinen Kontakt zu ihm. Wenn ich irgendein Problem meinem Antagonisten gegenüber ansprechen will, aber noch zu emotional bin, dann kann das Sprechen mit einer dritten Person über den Abwesenden eine gute Zwischenstufe sein. Das Ziel des Sprechens über Abwesende ist nicht, sich hochzuheizen, sondern sich ins Lot zu bringen.

8 Trainingspunkt

Assoziationen, Wissenskonserve und Meinungskram mit Vorsicht genießen

> SEI GROSSZÜGIG IM WEGLASSEN VON WISSENSKRAM UND MEINUNGEN!

Überzeugungen hat nur, wer nichts vertieft hat.
Emil M. Cioran

Wessen Kopf ist nicht voll von Erfahrungen, Erinnerungen, angesammeltem Wissen, Meinungen, stereotypen Formulierungen? Diese irrsinnige Menge an Kopf-voll-Stoff ist in der Regel permanent bereit, uns auf entsprechenden Anreiz hin anzuspringen. (Vgl. hierzu auch das Gespräch von Frau Knödel und Frau Möllich auf Seite 14 f.) Diese Verselbstständigung unseres mentalen Sammelsuriums bedeutet, dass nicht wir unseren Kopf benutzen, sondern leider umgekehrt er uns. Der Kopf drängt sich uns auf, wodurch Gegenwart, Offenheit für Neues, Freiheit und geistige Selbstbestimmung keine Chance haben. Mit scheinbar zwangsläufigen gedanklichen Verknüpfungen – eben den Assoziationen – greift das Hirn in unsere Wissenskonserve, Meinungsschatulle und allen anderen angesammelten Vergangenheitskram.

Diesem Zwangsverlauf brauchen wir nicht ausgeliefert zu sein! Begegnen wir ihm durch Wachheit, indem wir unsere Gespräche auch in dieser Hinsicht bewusst gestalten: Entrümpeln wir einfach Gespräche und Kopf, indem wir nicht mehr assoziativ vom Hölzchen zum Stöckchen »fusseln«. Da oberflächliche Assoziationen überdies meist langweilig, uns selbst sowieso bekannt sind und dem Gesprächspartner nur Klümpchen aus unserem Wissens-, Meinungs- und Vergangenheitscontainer verpassen, können wir sie im Interesse echten Austauschs weglassen.

Oder andersherum betrachtet: Wer Kontakt, Gegenwart, geistige Erweiterung vermeiden will, stellt seinen verbalen Autopiloten auf Assoziation. So kann er beeindruckend lange Gespräche führen, ohne seinem Gegenüber wirklich etwas mitzuteilen, ihm zu begegnen oder eine relevante Aussage zu machen. Die Technik ist einfach: Er plätschert von Assoziation zu Assoziation und hangelt sich an den jeweils angeklickten Mentalbröseln weiter.

Gudrun und Walter

(Gudrun und Walter im Gespräch auf einem Spaziergang)

GUDRUN: Hast du das gesehen?! Der Mann da drüben hat eben seinen Hund getreten!

WALTER: Das hat ein Großonkel, warte mal, ja ein Bruder meiner Oma mütterlicherseits, nein, väterlicherseits, genau, »Großonkel« sagt man, also der Großonkel, Ludwig hieß er, hat auch seinen Hund getreten. Überhaupt Tiere misshandelt. Hühnern den Hals umgedreht.

GUDRUN: Man sollte gar nicht so viele Eier essen. Das ist ungesund wegen der Fäulnisbakterien.

WALTER: Bakterien sind doch überall! Die meisten im Spülläppchen.

GUDRUN: Trotzdem kein Grund für eine Spülmaschine.

WALTER: Haushaltsgeräte sind einfach praktisch.

GUDRUN: Was heißt schon praktisch? Also unser Gerd hat jetzt eine Praktikumsstelle in einem guten Hotel.

WALTER: Ja, mal wieder Urlaub im Hotel, wir machen ja immer Camping. Meine Frau findet das aufregender und ich nur anstrengend.

GUDRUN: Da! Wieder! Er hat den Hund noch mal getreten!
WALTER: Mein Großonkel ...

Kommentar: Assoziationen können Gespräche sicher auch konstruktiv vorantreiben, wenn sie an einem Thema oder dem Gegenüber orientiert bleiben und nicht, wie in obigem Beispiel, ausschließlich dem Sprung in jeweils egozentrisch gefärbte Eigenbelange dienen. Für die Vermeidung von Kontakt und Gegenwart ist natürlich nur die oben veranschaulichte Assoziationstechnik brauchbar.
Ausnahmen bilden Assoziationen, mit denen wir vom Bekannten zum Unbekannten gelangen. Sie steigern die geistige Freiheit und den Zugang zu Neuem und sind daher im Gespräch willkommen. Synthese und Transfer sind gedankliche Leistungen aufgrund von Assoziationen, die vom Bekannten ausgehen und über sich hinausgreifen.
Folgende *Trainingshinweise* trennen die Spreu vom Weizen:

> Es ist aufschlussreich zu beobachten, wie vollautomatisch der Verstand Assoziationen liefert. Das können wir bei uns selbst und anderen wahrnehmen. Es reichen Stichworte, um ganze Assoziationsketten zu aktivieren.
> Als Nächstes ist es wertvoll mitzukriegen, welche gedanklichen Verknüpfungen einen Gedanken weiterbringen, also eher in die Tiefe gehen, und welche in die Breite schweifen.
> Und obendrein wahrzunehmen, welche Gefühle durch die tiefer schürfenden Assoziationen einerseits und welche durch die breit schweifenden andererseits ausgelöst werden!
> Zu guter Letzt eine Grundentscheidung fällen:
>> Will ich im Zwangsverlauf meiner Assoziationen gefangen sein?
>> Oder will ich die Abläufe in meinem Kopf und somit meine Verbalproduktionen selbst bestimmen?
> Diese Schritte machen es leichter, sich von langweiligen, unproduktiven Assoziationen zu verabschieden. Dabei ist der erste Schritt immer, sie nicht mehr zu verbalisieren. Das vollautomatische Auftauchen lässt dadurch allmählich nach.

Verknüpfen und Trennen – oder Assoziieren und Differenzieren – machen unser Denken aus. Somit sind sie im erwünschten Rahmen unbedingt förderlich. Es wäre abwegig, nicht mehr assoziieren zu wollen. Zur *Frustprophylaxe* unterscheiden wir am besten zwischen oberflächlicher Breitenfusselei einerseits und tiefer schürfenden Assoziationen andererseits. So verhindern wir, dass das Kind (= nützliche Assoziation) mit dem Bade (= Hölzchen-Stöckchen-Müll) ausgeschüttet wird.

Wir peilen hier ein umfangreiches und uns transformierendes Geisttraining an. Erinnern wir uns an die großen *Ziele*, die wir verfolgen. In Thesen zusammengefasst:

1. Wir erlangen mehr Kontakt zu uns selbst. Sind mehr bei uns.
2. Dadurch erfüllen wir die Voraussetzung für einen guten Kontakt (= Beziehungsglück) zum anderen.
3. Wir leben mehr in der Gegenwart.
4. Wir ersetzen automatischen und insofern ungewählten Gedankenkram durch bewusst gewählte Inhalte.
5. Wir genießen – nachdem die Übergangs- und Trainingsphase abgeschlossen ist – viel lebendigere Gespräche und Kontakte.
6. Wir sind die Herrscher in unserem Kopf, anstatt von ihm beherrscht zu werden.
7. Dadurch ist wirkliche Freiheit möglich.
8. Wir fördern unsere Wachheit und damit Glück und Lebensfreude.
9. Wir haben unsere geistigen Möglichkeiten für das, was uns wirklich wichtig ist, zur Verfügung, anstatt sie in unserem vollautomatischen Gedankenkarussell zu verheizen.
10. Und über allem strahlt das hehrste Ziel, dass wir uns auf dem Weg dieser Kommunikations(r)evolution auf das Wesentliche, Eigentliche, das Sein zubewegen. Es gilt nämlich: entweder freier Kopf, ungetrübtes Bewusstsein oder Gedankenmüll! Wir disponieren uns für die Fullinger-Erfahrung.

Hugo als Alleswisser

HUGO: Eigentlich bin oder war ich sogar der Senf im Fettnapf, weil ich immer meinen Senf dazugeben konnte. Warum kam es mir so attraktiv vor, ständig zu senfen?
LOTTI: Weil es dein Ego bestätigt hat.
HUGO: Wie langweilig! Jetzt weiß ich nur noch eines wirklich gut.
LOTTI: Was?
HUGO: Es ist unerotisch und blöd, sich als Alleswisser aufzuspielen.

??? FRAGEN UND ANTWORTEN

Assoziationen sind aber doch Geistesblitze und damit Ouvertüren für Neues.
Sie machen in Ihrer Aussage eine Voraussetzung, die ich nicht teile: Eine Assoziation sei ein Geistesblitz. Den Geistesblitz kennzeichnet gerade, dass er unassoziiert herausgeblitzt kommt. Geistesblitze sind in der Regel sowohl für die Person, die sie hat, als auch für den Gesprächspartner anregend und überraschend.

Assoziationen ermöglichen den gedanklichen Transfer und sind somit Eröffnung von Neuem.
Wer Assoziationen so einsetzt, bleibt im Thema und fusselt nicht. Solche Assoziationen treiben Gedankengänge voran und sind herzlich willkommen.

Das, was Sie »fusseln« nennen: Kann dieser Meinungskram nicht Diskussion und Nachdenken produktiv voranbringen?
Haben Sie das jemals erlebt?

Was ist der Unterschied zwischen Dialog und Diskussion?
Im Dialog sprechen wir ausgewogen und bleiben aufeinander und auf das Thema bezogen. Diskussionen sind häufig weniger besonnen.

Aber die Diskussion erlaubt mir doch, verschiedene Standpunkte zu erkennen, um mir eine Meinung zu bilden.

Wir differenzieren am besten den Begriff der Diskussion: Wenn eine Diskussion das Ziel hat, sich besser im Leben orientieren zu können, dann garantiert diese Zielsetzung bereits, dass ich mich wirklich austausche und mit dem Gegenüber gemeinsam um diese Orientierung ringe. Solche Diskussionen sind gewiss förderlich.

Diskussionen, in denen es jedoch nicht um ein sinnvolles Abwägen und Sich-Orientieren geht, sondern mehr darum, andere mit der je eigenen Meinung zu bombardieren, vereiteln Kommunikation und Kontakt. Nur diese zweite Art führt zu Verstrickungen, ist abträglich und nicht im Sinne dieses Trainings.

Beruhen Assoziationen auf einer Konditionierung des Verstandes?

Wir haben zwei Arten von Assoziationen unterschieden: zum einen die produktiven und zum anderen die Hölzchen-Stöckchen-Fussel-Assoziationen. Letztere sind vollautomatischer Output unseres konditionierten Verstands. Dies ist wie die Programmierung im NLP. Jede einschneidende Erfahrung (auch die weniger einschneidenden Erfahrungen) sind mögliche Mini-Anker. Wenn zum Beispiel Ihr Urlaub in Kroatien sehr verregnet war, poppt diese Wetterlage auf, sobald jemand von Kroatien spricht. Also ganz automatisch!

Ich kann mir nicht vorstellen, dass meine Assoziationen je aufhören.
Sie beschreiben zwar den Weg, wie sie langsam abebben.
Aber kann ich darauf vertrauen, dass es wirklich funktioniert?
Von wie viel Zeit muss ich ausgehen?

Wenn Sie Assoziationen sagen, dann meinen Sie die vollautomatischen. Viele Raucher können sich nicht vorstellen, je mit dem Rauchen aufzuhören. Und werden es doch tun. Am Anfang ist das schwer. Worauf ich hinaus will, ist, dass die penetranten Assoziationen immer weniger penetrant werden können und schließlich ihren Biss verlieren. Dies geschieht besonders durch die Erfahrung, wie unnötig es ist, immer wieder dasselbe zu sagen, und wie wohltuend, es zu lassen.

Glauben Sie das, was Sie meinen?

Ja, schon.

Kommt Ihnen das nicht suspekt vor? Haben Sie Ihre Meinungen je geändert? Können Sie sicher sein, dass Ihre Meinung die beste aller Zeiten ist?

Um zu einer anderen Meinung zu kommen, muss ich ja erst mal Meinungen austauschen.
Dann ist Ihr Anliegen der Meinungsbildungsprozess und nicht, die eigene Meinung zu feiern.

Das stimmt.
In dem Fall ist Ihre Meinung nichts anderes als die lose Markierung eines möglichen Denkweges.

Sind Meinungen jetzt gut oder schlecht? Was ist das Unterscheidungskriterium?
Wenn wir denn mal in Gut und Schlecht denken wollen, dann sind sie gut, wenn sie als Buschmesser zu neuen Erkenntnissen fungieren, und schlecht, wenn sie den Schlusspunkt hinter alles Wissensmögliche setzen wollen.

Aber wie kann ich in der Welt etwas behaupten, wenn ich nichts weiß?
Am allerbesten.

Wie meinen Sie das?
Je weniger Sie davon überzeugt sind, das inkarnierte Wissen zu sein, desto offener und weiter ist Ihr Geist. Das ist der Unterschied zwischen Klugscheißer und Weisem.

Aber in unserer Leistungsgesellschaft kann ich ohne Wissen nicht bestehen.
Wenn ich dafür plädiere, keine starren Meinungen zu haben, heißt das nicht, dass ich Uninformiertheit und Dummheit großschreibe.

Hört sich ziemlich riskant an!
Jeder hat seine Risikoschwelle woanders. Und es ist sympathisch, das Bewusstsein, nicht alles zu wissen, auszustrahlen.

Und ich werde dadurch fehlbarer?
Gott sei Dank. Sie sind es sowieso.

9 Trainingspunkt

Chatterer, Blogger, Second-Lifer verwandeln sich

> HABE DEN MUT, DEIN FIRST LIFE ZU WAGEN!

Es ist viel leichter, den Übernächsten zu lieben als den Nächsten.
Oskar Stock

Die Internetkommunikation bloomt und boomt wie nichts auf der Welt. Da verabreden sich Menschen am Telefon, sich gleich im Chatroom treffen zu wollen. Dabei könnten sie einfach weiter telefonieren und direkt miteinander sprechen ... komisch, oder?
Schauen wir genauer hin.
Die *Chatterer* plaudern locker über dies und das. Sie klönen – es ist so ein Dahinsprechen beziehungsweise im Net: Dahinschreiben. Immerhin in Dialogform: abwechselnd. Hin und her.
Die *Blogger* schreiben sozusagen mehr oder weniger öffentlich ihr Tagebuch und wer kann und will, darf kommentieren. Oder sie äußern sich im Blogroom, wo themenbezogen geschrieben wird. Wer will, kann sich zum Beispiel darüber auslassen, wie ihm der Urlaub auf La Gomera gefallen hat. Aber auch da ist er ganz frei und könnte ins Gomera-Gästebuch notieren: »Ich war noch nie da.« Oder nicht themenbezogen: der Blogroom als Begegnungsstelle für eine Personengruppe. Diese Eingeweihten haben das Kennwort und können dann uferlos abbloggen.
Die *Second-Lifer* gehen aufs Ganze: Sie erfinden sich eine neue Identität und bringen sich dann als »DornNelkchen«, »Jesa Christa«

oder »Huriger Altgermane« ein. In der erfundenen Identität kennt man sie und spricht sie so an. So wird diese Identität gefestigt. Und wer im Einkaufsladen »Marlies Hoffmann« trifft, weiß gar nicht, dass er in Wirklichkeit vor Kleopatra der Ersten steht. Oder ist es in *Wirklichkeit* doch Marlies Hoffmann?
Das hier vorgestellte Training hat »Mehr Kontakt zu sich selbst und zum anderen« sowie »Mehr Glück und Gegenwartserleben« auf seiner Fahne stehen. Wie passt das zum Bloom and Boom der Internetkontakte? Ganz einfach: Wenn wir im Net miteinander »netten«, können wir ungezwungener, freier, lockerer, unverbindlicher, geschützter, offener, mutiger, zumutiger, dreister, egozentrischer sein. Dadurch lockern wir das Regelkorsett unseres Über-Ichs. Das ist attraktiv und entlastend. Die vielen Gründe für die Begehrtheit der Net(t)erei ließen sich auf den paradoxen Punkt bringen:

Mehr Unmittelbarkeit im Austausch durch weniger Unmittelbarkeit.

Kommentar: Boom and Bloom der Internet(t)kontakte beweisen, wie groß das Bedürfnis ist, sich persönlich darzustellen und auszudrücken. Es wird zwar nicht immer gehört und erwidert, aber dafür gespeichert. Ein »bleibender« Fußabdruck im elektronischen Weltspeicher. Die ungezwungenere, weniger sozialangepasste Ausdrucksweise hat ganz bestimmt befreiende Wirkung. Geradezu therapeutisch wertvoll ist die Erfindung eines zweiten Lebens, einer anderen Identität. Was da erfunden wird, ist nie von ungefähr, sondern in der Regel ein Kompensations-Ich – gebastelt aus nicht gelebten, verdrängten Persönlichkeitsanteilen. Der angeknackste Selbstwert von Marlies sucht Linderung in der Großartigkeit von Kleopatra der Ersten.
Deshalb ist die Net(t)erei so anziehend. Trotz bestialischem Mundgeruch werden unsere Küsse in der Vorstellungswelt aufs Sinnlichste erwidert.

Schopenhauer hat uns schon vor langer Zeit gesagt, dass die Welt nichts anderes ist als unsere Vorstellung. Erst durch das Internet jedoch haben wir die Möglichkeit, die reale Welt zugunsten unserer Vorstellungswelt zum Verschwinden zu bringen. Wir und der Bildschirm – das ist die Plattform, auf der wir unsere Wirklichkeit spielen lassen können. Der einzige kleine Nachteil: Diese Wirklichkeit ist nicht die wirkliche Wirklichkeit.

Und genau hier beginnt das Training. In einem Satz gesagt: Nehmen wir allen Gewinn aus der Net(t)erei und pflanzen ihn in unser wirkliches Leben. Finden wir unser First Life durch die Integration von nicht Gelebtem. Das ist noch schöner als der Ersatz im Net. Folgende *Trainingshinweise* ebnen den Weg.

- Wir nehmen ganz genau wahr, was so befriedigend am Internetkontakt ist. (Marlies: »Ich werde als Kleopatra angesprochen und geschätzt.«)
- Wir listen die Vorteile auf. (Marlies: »Ich erfahre Selbstbestätigung und fühle mich dadurch besser.«)
- Wir überlegen, wie wir diese Vorteile in unserem wirklichen Leben erlangen könnten. (Marlies: »Ich setze neue Schwerpunkte in meiner Arbeit: Ich mache mehr von dem, was ich gut kann, und weniger von dem, was mir nicht so liegt.«)
- Wir fühlen, wie befriedigend es ist, vom Second zum wirklichen First Life zu wechseln.

Die Net(t)erei verstehe ich als gute Gelegenheit, uns für den Sprung in eine erfüllendere Wirklichkeit ohne Netz vorzubereiten. Der obige Punkt lautet jetzt:

> *Mehr Unmittelbarkeit im Austausch durch noch mehr Unmittelbarkeit.*

Es ist wahnsinnig aufregend! Wenn wir dann Kleopatra im Einkaufsladen treffen und denken: »War das nicht Marlies Hoffmann?«

Hugo auf dem Weg ins First Life

LOTTI: Warst du mal ein Second-Lifer?
HUGO: Ich hatte nur ein Third Life.
LOTTI: Wie meinst du das?
HUGO: Wenn das Second Life die wohlgefällige, selbst kreierte, wunderbare Kompensations-Identität ist, ja dann gestehe ich, mich noch nicht einmal dazu aufgeschwungen zu haben. Ich habe einfach so vor mich hin kompensiert ohne schöne Kontakte, ohne Freude, ohne Zufriedenheit. Also ein erbärmliches Third Life.
LOTTI: Verstehe. Und jetzt?
HUGO: Jetzt überspringe ich gerade das Second Life und übe mich ins First Life ein.
LOTTI: Gratuliere!

? ? ? FRAGEN UND ANTWORTEN

Sehen Sie Second Life als (unbewusste) Flucht?
Als Flucht vor sich selbst, ja. Aber auch als Weg zu sich selbst.

Sie beziehen sich auf Schopenhauer, der sagt, alles sei Vorstellung. Ist es dann nicht egal, in welcher Vorstellungswelt wir uns bewegen? (Ist die Wirklichkeit der First-Life-Realität tatsächlich wirklicher?)
Wenn die Vorstellungswelt tatsächlich die einzige Welt wäre, in der wir uns bewegen, dann ja. Aber der Unterschied zwischen nur vorgestellten und realen Zahnschmerzen ist unverkennbar.
Man muss unterscheiden zwischen zwei Arten von Vorstellung:

1. Einmal die Second-Life-Vorstellungswelt: Dies ist eine ausschließlich durch die Vorstellung hervorgerufene und fantasierte Welt.
2. Und dem Vorstellungsfilter im First Life, mit dem ich die reale Welt deute.

Ist die letzte Vorstellungsart näher an der Wirklichkeit?
Ich kann im Second Life meiner inneren Wirklichkeit näher sein. Und bin aber, weil ich zugleich auch in einer (tatsächlichen) Wirklichkeit leben muss (abweichend von der inneren Wirklichkeit), durch die Diskrepanz von vorgestellter innerer und zwangsgelebter äußerer Welt weiter weg von mir.

Es geht also darum, die Diskrepanz zu sich selbst zu vermindern?
Ja, oder anders formuliert: den Kontakt zu sich selbst zu erhöhen.

Es ist doch gar nicht wirklich möglich, tatsächlich die Identität zu gewinnen, die ich im Second Life einnehme! In Bezug auf das von Ihnen genannte Beispiel: Ich kann doch nie Kleopatra werden?
Die fantasierte Kleopatra gibt mir Hinweise darauf, was mir fehlt. Und diese Hinweise nutze ich, um die Kompensationsidentität annäherungsweise in eine wirkliche Identität zu überführen.

Ist es nicht ein bisschen zu radikal, zu behaupten, eine Identität im Second Life sei nur eine Abdeckung der nicht gelebten Persönlichkeitsanteile im First Life? Am Ende des Tages ist Second Life doch nur ein Spiel.
Es kommt drauf an, ob ich der Meinung bin, das Spiel sei beliebig, zufällig und willkürlich entstanden oder das Spiel sei aus guten Gründen jeweils *mein* Spiel.

Das heißt, jeder muss selbst beantworten, wie ernst er es nimmt?
Nein. Es ist eine psychologische Tatsache, dass die Fantasien nicht aus einem luftleeren Raum kommen. Und ich kann gerade am Anhaftungsgrad an eine erfundene Identität etwas über mich feststellen: Wie lieb ist mir diese Identität, dieser Avatar, wie wohl fühle ich mich damit oder experimentiere ich bloß?

Den Weg von einer Second-Life-Identität zur Wunsch-Identität im First Life stelle ich mir so lang vor, dass man wohl den Mut verliert. Wie kann man da dranbleiben? Gerade wo Second Life so verlockend und easy ist?
Es geht um den Weg der Kleopatra, die Hinweise nutzend.

Ist das zu schaffen?
Es ist ja egal, ob ich es schaffe. Es geht um die Entscheidung »Will ich erfüllter leben oder nicht?« Wenn ich das will, ist jeder kleine Schritt schon ein Erfolg.

Durch die Existenz von Linden-Dollar ist eine starke Verquickung von First und Second Life gewährleistet. Reicht dies nicht als Integrationsaspekt?
Die Antwort darauf steht und fällt damit, ob ich mein Business auf dieser Plattform als First-Lifer betreibe oder als Second-Lifer. Ist mein Second Life lediglich Business/Einnahmequelle für mein First Life, dann liegt der Akzent bereits auf dem First Life. Im umgekehrten Fall ist die Einnahme durch das Second Life wie ein erstaunlicher Lottogewinn, der mich motivieren kann, die Brücke zum First Life zu festigen.

Second Life ist inzwischen längst gesellschaftsfähig. Wenn ich meine Second-Life-Identität im First Life offen zu erkennen gebe, hat das bereits Integrationsqualität?
Wenn wir Integration definieren als Zu-sich-Stehen, dann hat es diese Qualität.

Glauben Sie, dass die Gesellschaft und die Second-Life-Community bereit ist, den von Ihnen beschriebenen Integrationsweg zu beschreiten?
Ich glaube, dass jeder bereit ist, diesen Weg zu beschreiten, wenn die Förderungsaspekte durch das Second Life ausgeschöpft sind. Mit anderen Worten: wenn das Second Life langweilig wird. Vorher hat das Second Life bahnbrechenden Charakter für das First Life: So attraktiv das Second Life ist, so attraktiv wird dann das First Life werden.

Es sei denn, vorher tritt Suchtcharakter auf?
Der ist ja jetzt schon da. Jede Sucht verspricht etwas, was in der sogenannten normalen Realität nicht verfügbar ist.

Ich schlüpfe für unterschiedliche Gruppen (Freunde, Kollegen, Kunden, Fremde usw.) in unterschiedliche Rollen. Manchmal ganz deutlich und manchmal weniger erkennbar. Haben wir somit nicht im »wirklichen« Leben mehrere Second Lifes? Wo sehen Sie den Unterschied?
Der Unterschied zwischen den verschiedenen Rollen besteht darin, dass ich mich unterschiedlich wohlfühle, und mein Second Life (Fantasie) setzt da an, wo ich

mich im First Life besonders unwohl fühle. Das Second Life entwickle ich, um Lücken und Unzufriedenheiten im First Life auszugleichen.

Das Angenehme am Second Life ist, dass mir keine Identität übergestülpt wird (wie im First Life, aus der man sich oft so schwer befreien kann). Ist das nicht ein enormer Vorteil? Hier bin ich wenigstens selbstbestimmt!
Das ist genau das Attraktive. Ich will mich befreien von allen fremdbestimmten Rollen und will mich erfinden. Dafür habe ich Raum auf der Second-Life-Bühne.

Und das ist heilsam?
Ja, und es wäre noch viel heilsamer, wenn es in der realen Wirklichkeit passieren könnte.

Durch den von Ihnen beschriebenen Weg?
Genau. Auf eine Formel gebracht: Lieber im Second Life eigenbestimmt als im First Life fremdbestimmt. Und am allerliebsten im First Life eigenbestimmt. Und Sie werden feststellen, dass Menschen, die im First Life eigenbestimmt leben, das Second Life nicht attraktiv finden.

Also könnte man das Second Life als psychologische Spielwiese für das First Life sehen?
Als psychologische Vorbereitung, als psychologische Eingleitschiene zum First Life.

Wie kann Ihr Modell bei der Verbesserung der Kommunikation beim Chatten und Bloggen helfen?
Es gibt in diesem Zusammenhang keine neue Betrachtung. Auch beim Chatten und Bloggen kann ich die eigene Befindlichkeit berücksichtigen, kann Quatsch machen, kann nur das kommunizieren, was zur Sache gehört, und dadurch bei mir und beim anderen bleiben. Diese beiden Kommunikationsformen sind wie Beliebigkeitslaberflächen. Da der Chatterer/Blogger nicht merkt, dass sein Text unter Umständen niemanden interessiert, kann er uferlos Text produzieren und sich einbilden, er hätte kommuniziert.

Also besteht die Gefahr, dass man kommunikative Eigenarten, die nicht gegenwartsfördernd sind, festigt?
Ja, weil ich nicht durch die Reaktion des anderen korrigiert werde oder ein Feedback erhalte. Fast autistisch.

Sie sagen, die Attraktivität im Bloggen läge darin, eine elektronische, virtuelle Spur hinterlassen zu können. Ist es nicht vielmehr die Möglichkeit, ohne Konfrontation frei das sagen zu können, was mir bezüglich eines Themas am Herzen liegt?
Diese solipsistische Erkenntnis, dass ich in dieser Form der verbalen Ausbreitung gar nicht zum anderen hinüberreiche, wäre ja bereits ein Gewinn. Ich fürchte, dass es viel schlimmer ist: nämlich der Glaube, dass andere mit hohem Interesse zur Kenntnis nähmen, was ich rausgebloggt habe. Die elektronische Spur erhöht noch die Eitelkeit. Dahinter steckt das Bedürfnis, breit und weit wahrgenommen zu werden und sich mitteilen zu können, ohne dabei kritisiert zu werden. Ein Ruf nach Kontakt, nach Begegnung, nach Ausdruck, der so elegant ins Leere läuft, dass man sich einbilden kann, er wäre beantwortet worden.
Das ist der Vorteil: Bloggen und Chatten sind schmerzfrei.

10 Trainingspunkt

Sprücheklopperei großzügig versenken

> MACH KEINE BLÖDEN SPRÜCHE!

Außer Gedanken gibt's auch intellektuelle Reflexe.
Stanislaw Jerzy Lec

Mit der Sprücheklopperei kloppen wir auf unsere Gesprächspartner ein. Egal, ob die Sprüche blanke Angewohnheit sind oder einem Produziergehabe entspringen: Sie verhindern in jedem Fall erquicklichen Austausch, Gegenwart und wahre Nähe. Gespräche, in denen Verständnis und Anteilnahme gefragt sind, lassen sich schwerer im unverbindlich Oberflächlichen halten. Es sei denn, jemand hat die Fähigkeit, Sprüche als Kontakt- und Themenkiller einzusetzen. Besonders eignen sich eher unverständliche, fremdsprachige Sprüche. Es folgen einige Kostproben.

Beispiele

Susi wurde von ihrem Kollegen versetzt und will mit ihrem Freund darüber reden. Sie sagt: »Er hat mir fest zugesagt, die Rollen zu bringen! Und dann ist er einfach nicht gekommen. Ich hatte ihn sogar noch mal erinnert. Gibt es denn keine Verlässlichkeit mehr?« Armin gelingt es, einen ernsthaften Austausch mit Ciceros Worten »Suum cuique« (Jedem das Seine) zu verhindern.

Martha ist stinksauer, verletzt und wütend, weil sie gerade herausgefunden hat, dass ihr Mann fremdgegangen ist. Sie stellt ihn zur Rede.

Für Walter ist das eine kritische Situation, die er wunderbar mit Ovid meistert: »Video meliora, proboque: Deteriora sequor.« (Ich sehe das Bessere und billige es: Das Schlechtere tue ich.) Walter versteckt sich einfach hinter Ovid.

Heinz ist voller Freude, weil sein Sohn sich in einer kritischen Situation sehr nobel verhalten hat. Stolz erzählt er seinem Nachbarn davon. Diesem gelingt es, die Chance zu Nähe und Mitfreude mit La Rochefoucauld zu umschiffen, indem er lapidar kommentiert: »L'amour de la justice n'est en la plupart des hommes que la crainte de souffrir l'injustice.« (Die Liebe zur Gerechtigkeit ist bei den meisten Menschen nur die Furcht, Unrecht zu erleiden.)

Robert erzählt begeistert von einem dreiwöchigen Retreat. Sein Vater reagiert mit David Hume: »Ignorance is the mother of devotion.« (Unwissenheit ist die Mutter der Frömmelei.)

Siegfried will gerne wissen, weshalb Anja so viel Freude am Töpfern hat. Anstatt sich auf ein Gespräch mit ihm einzulassen, zieht Anja einfach einen Satz von Goethe aus dem Hirn: »Was man versteht, besitzt man nicht.«

Hanna hat ihr Examen nicht bestanden. Sie ist ganz unglücklich und wendet sich Trost suchend an ihren Freund Thorsten. Eine verfängliche Situation, die Thorsten gekonnt mit Propertius abfängt: »In magnis et voluisse sat est.« (Auch nur gewollt zu haben, genügt in großen Dingen.)

Kommentar: Wir sehen, welche großartigen Dienste uns die Sprücheklopperei beim Verhindern von Eigentlichkeit und echtem Austausch leisten kann. Wenn überdies noch Zeit und Konzentration für die Übersetzung des Spruchs benötigt werden, hat man dadurch eine gute Ablenkung vom eigentlichen Thema erreicht. Assoziativ ließe sich diese Ablenkung durch einen kleinen Vortrag über die Vorteile einer humanistischen Bildung besiegeln.

Die Ziele unseres Kommunikationsmodells erreichen wir durch diese Art der Sprücheklopperei nicht. Deshalb einfach weg damit! Freilich gibt es auch Sprüche, Volksweisheiten und Sprichwörter, die mitunter Gedankengänge erhellen oder vertiefen. Auf solche verbalen Weisheitsbündelchen wollen wir im Interesse gelingender Kommunikation natürlich nicht verzichten, weshalb sie die *Ausnahmen* darstellen.

Ein *Trainingshinweis*: Vergegenwärtigen wir uns, wie es sich anfühlt, durch Sprüche in die Enge getrieben zu werden und unverstanden auf der Strecke zu bleiben; beziehungsweise erspüren wir, welche Motive uns zur Sprücheklopperei treiben. Der Kontakt zu sich ist zum einen da, wenn uns diese Motive bewusst werden, und zum anderen, wenn wir wagen, über sie zu sprechen. So haben wir sogar die Chance, uns von der ursprünglichen Auslösesituation zu befreien. Das ist viel bekömmlicher, als sich von ihr dazu treiben zu lassen, andere verbal zu plätten.

Boris

Boris litt als Kind unter der rhetorischen Überlegenheit seiner älteren Schwester. Er fühlte sich ständig angegriffen und hat sich später eine ganze Abwehrpalette von Sprüchen zugelegt. Bei jeder Gelegenheit zückt er einen Spruch aus seinem Köcher und schießt ihn in unbewussten Rachemanövern, die eigentlich seiner Schwester gelten, auf seine unschuldigen Opfer ab. Wenn Boris nun diesem Verhalten mit Wachheit begegnet, es sogar kommuniziert, kann er erstens erkennen, dass seine gegenwärtigen Gesprächspartner ihm in der Regel, und von seiner Schwester abweichend, wohlgesonnen sind. Zweitens setzt er die aggressive Gesprächsstimmung seiner Kindheit nicht fort, womit er drittens einen Wiederholungszwang beendet, anstatt ihn zu verlängern. Dadurch erspart er sich den *Frust* zwieträchtiger, vergangenheitsgeschwängerter Gespräche.

Hugo als Phrasendrescher

LOTTI: Hugo, bist du ein Sprücheklopfer?

HUGO: Ich habe mehr eigene Dauerphrasen. Keine gescheiten Zitate.

LOTTI: Sag mal ein paar Beispiele.

HUGO: Ist mir peinlich.

LOTTI: Du bist in Kontakt mit dir! Und bringst deine Befindlichkeit zum Ausdruck. Das verbindet. Ich verstehe und fände es trotzdem klasse, wenn du dich mit drei Highlights, oder sollte ich »Lowlights« sagen, outen würdest.

HUGO: Also gut. Wenn mir irgendjemand zu langsam war, sagte ich: »Wer mit den Schnecken rennt, lebt auch nicht länger.« Oder wenn mir das Essen nicht schmeckte: »Ich sollte bei deinen Kochkünsten überlegen, auf Lichtnahrung umzusteigen.« Harmloser war mein Spruch, wenn ich müde war: »Ich geh mal hören, was das Kissen sagt.« Vielleicht klingt das ganz lustig, aber ich hab's regelmäßig gesagt.

LOTTI: Du bist wirklich eine Fundgrube. Das schreit nach einer kleinen Zugabe.

HUGO: Gut, weil du es bist. Ich hatte eine unverrückbare fixe Grußfloskel drauf. War mir selbst nicht bewusst, bis mich Verena drauf aufmerksam machte.

LOTTI: Und die lautete?

HUGO: Hallöchen, grüß dich!

LOTTI: Eigentlich ganz nett, aber unverrückbar immer dieselbe Floskel kann zu viel sein.

??? FRAGEN UND ANTWORTEN

Kann ein Spruch nicht zum Ausdruck bringen, dass ich über einer Sache stehe?
Drüberstehen und nichts damit zu tun haben wollen, ist wahrlich zweierlei. Denn im Sprüchekloppen wiegle ich das Thema ab, aber lasse mich nicht ein. Sich nicht einzulassen heißt aber nicht, über einer Sache zu stehen.

Manchmal lasse ich einen Spruch los, weil ich mich unbeholfen fühle, das heißt nichts Besseres zu sagen weiß. Wenn ich Sie richtig verstehe, sollte ich an der Stelle besser den Mund halten?
Sie könnten überlegen, was Sie an dem Spruch reizt. Wollen Sie einen Witz machen, geistreich sein, sich darstellen? Finden Sie, dass der Spruch wie ein Weisheitsbündel der Gipfel alles Sprechbaren ist? Das könnten Sie sich selber beantworten. Der Spruch wäre kommunikationsbereichernd, wenn Sie die letzte Frage mit Ja beantworteten. Und wenn nicht, dann wäre er nur eine Notlösung, weil Ihnen nichts anderes in den Sinn kommt.

Bis ich das rausgefunden habe, vergehen fünf Minuten.
Macht nichts! In fruchtbaren Gesprächen sind Denkpausen ein Gütesiegel und kein Makel.

Wie mache ich weiter, wenn ich rausgefunden habe, welche konkrete Motivation bei mir hinter einer Aussage (einem Spruch) steckt?
Dann fragen Sie sich als Nächstes: Warum ist mir das so wichtig? Dann kommen Sie vielleicht drauf, dass Sie nur über Wissen in der Geschwisterreihe gute Karten hatten. Und dann sind Sie im Grunde vor der Haustür Ihrer eigenen Seele und können sich fragen: Muss ich diesen Bewährungskampf, den ich damals begonnen habe, wirklich weiterführen oder gäbe es da eine schönere Lösung?

Das genauere Hinschauen erlaubt mir also mehr Entspannung?
Richtig.

Manchmal »kloppe ich einen Spruch«, anstatt zu dem Gesagten Stellung zu beziehen, das heißt, wenn ich nicht auf die Aussage eingehen möchte. Das ist für mich eine Art Schutz. Ist das im Sinne dieses Kommunikationsmodells gültig?

Es ist eine Abgrenzungshilfe und damit sprechen Sie Worte der zweiten Wahl, weil Sie nicht wagen, sich direkt abzugrenzen und dem anderen Klartext zuzumuten. Wenn die Worte der ersten Wahl aus welchen Gründen auch immer nicht möglich sind, dann sind die Worte der zweiten Wahl sicher besser als zu leiden.

Die von Ihnen dargestellten Sprüche haben ja eine konkrete Aussage. Wie kann ich diese rüberbringen und dabei den Kontakt mit dem anderen halten?

Der kritische Punkt bei meinen Beispielen ist, dass die Sprüche als Kampfmittel eingesetzt werden und nicht als Verbal-Bonbon. Kampfmittel sind ungünstig; mit dem Spruch übernimmt man weniger Verantwortung, weil man zitierend sich eine Autorität zur Seite stellt. Dann doch lieber direkt mit eigenen Worten kommunizieren. Ohne Sprach-Make-up also. Und natürlich gibt es Sprüche, die unübertreffbar alles auf den Punkt bringen. »Sprach-Nuggets« – die sind als Klein-Ode natürlich zu pflegen.

Wie ist es mit ständig wiederholten Standard-Wortverdrehungen? Gängig ist »zum Bleistift« anstatt »zum Beispiel«.

Da unterscheiden wir geläufige Stereotypen wie in Ihrem Beispiel und individuelle Stereotypen oder Verdrehungen. Wenn etwa jemand *immer* sagt: »Langer Rede, gar kein Sinn«, anstatt »Langer Rede, kurzer Sinn«. Beide Typen machen das automatische Sprechen sinnfällig. Weder Witz noch Kontakt werden durch sie gefördert.

Weil es beim anderen Genervtheit hervorruft?

Auf Dauer schon.

Wäre es angebracht, dass ich als Zuhörer den Sprecher darauf aufmerksam mache?

Die Frage, ob das angebracht ist, führt zu der Frage: Wie wollen Sie leben, wie sollen Ihre Kontakte aussehen, was wünschen Sie sich im zwischenmenschlichen Bereich? Was ist Nahrung für Ihren Geist? Es geht ja nicht darum, andere zu bevormunden, sondern eigene Bedürfnisse wahrzunehmen, nicht nur, um sie befriedigen zu können, sondern um wachsen zu können.

Bei jeder Kommunikation, die ich führe, sollte ich mich also im Fokus haben?
In dem Ausmaß, in dem wir uns wahrnehmen, nehmen wir auch den anderen wahr, und in diesem Ausmaß gelingt Kommunikation.

Sich selbst in den Mittelpunkt zu setzen, scheint dem, was wir im Rahmen unseres sozialen oder religiösen Kontextes gelernt haben, entgegengesetzt zu sein.
Es scheint dem Anspruch, ganz auf den anderen ausgerichtet zu sein, zu widersprechen. Ich frage an dieser Stelle: Wie kann ich auf den anderen ausgerichtet sein, wenn ich gar nicht da bin, weil ich mich übersprungen habe?

Sehr logisch und gleichzeitig in der Durchführung sehr revolutionär.
Ja, dessen bin ich mir bewusst. Auch, dass eine völlig neue Mitmenschlichkeit gestartet werden kann und eine neue Lebensqualität auf den Plan gerufen wird. Dass sogar das Sprechen zur reinen Therapie (gemäß dieses Modells) werden kann. Dass es, um alles auf den Gipfel zu treiben, sogar ein Erleuchtungstraining darstellen kann.

Wieso Erleuchtung in diesem Zusammenhang?
Erleuchtung ist der Gipfel an Wachheit, und Wachheit wird durch dieses Kommunikationsmodell in kleinen und vielfältigen Schritten geübt.

11 Trainingspunkt

Befindlichkeit als Kontakt- und Gegenwartsanker nutzen

> ERSPÜRE DEINE WAHRE BEFINDLICHKEIT UND BRINGE SIE ZUM AUSDRUCK

*Je mehr sich die Seele gesammelt hat,
umso enger ist sie.
Und je enger sie ist, umso weiter ist sie.*
Meister Eckhart

Wie ich *jetzt* drauf bin, kann ich weder gestern noch morgen spüren. Und jetzt nur, wenn ich genau zu mir selbst hinspüre. Deshalb verbinden uns Aussagen zur jeweiligen Befindlichkeit immer mit der Gegenwart, mit uns selbst und auch mit anderen. Das Tolle ist außerdem, dass wir *immer* eine gegenwärtige Befindlichkeit haben. Hier ist also unbegrenzter Gesprächsstoff, der sowohl als Kontakt- wie auch als Gegenwartsanker fungieren kann – vorausgesetzt allerdings, dass wir gut unterscheiden zwischen dem, was wirklich gerade in uns an Gefühl, an tiefem Empfinden – eben an Befindlichkeit – vorliegt und dem, was uns emotional und gedanklich im Griff hat.

Simone

Simone hat sich gerade wahnsinnig über Theo aufgeregt, weil er dem Hund schon wieder ein Stück Schokolade gegeben hat. Wenn sie sich nicht genau auf ihre Befindlichkeit besinnt, rotiert sie in emotionaler Aufruhr über Theo und sagt: »Also du machst mich echt bekloppt, Theo. Ich hab dir mindestens schon tausendmal gesagt, dass unser Wuffti keine Schokolade essen soll. Guck dir doch an, wie fett er schon ist. Schnallst du das eigentlich nicht?« Mit diesen Worten ist sie nicht wirklich in Kontakt mit ihrem tiefen Empfinden und auch nicht in Kontakt mit Theo.
Und wenn sie in sich hineinspürt? Wenn sie genau fühlt, was sich hinter oder unter ihrer Aufregung verbirgt, was also ihr primäres Gefühl im Gegensatz zu ihrer sekundären Emotionalität ist, was bemerkt und sagt sie dann? Sie bemerkt ihre Ohnmacht, ihr Gefühl, von Theo nicht wahrgenommen zu werden, ihre flache Atmung, ihre Sorge um den Hund und ihre eigenen fünf Kilo, die sie zu viel wiegt. Sie spürt eher eine Art Traurigkeit und keine sie emotional fortreißende Aufgebrachtheit. Wenn sie diese Befindlichkeit ganz echt – also ohne in Vorwürfe abzudriften – mitteilt, stellt Simone Kontakt zu Theo her und leitet für sich selbst einen heilsamen Prozess ein.
Oder andersherum: Wenn wir wirkliche Anteilnahme, authentische Nähe oder Gegenwart vermeiden wollen, dann sprechen wir am besten niemals über unsere gegenwärtige Befindlichkeit.

Marion und Sascha

Marion will sich erleichtern, indem sie erzählt, was gerade passiert ist und ihre Befindlichkeit ausmacht. Sie ist ganz aufgelöst, weil ihr die Handtasche mit Papieren, Scheckkarten und ähnlichen Heiligtümern gestohlen wurde. Sie wendet sich an ihren Freund Sascha.

MARION: Ich spürte nur einen Ruck am Arm, und das war's: Tasche weg! Einfach schrecklich! Das ganze Theater, das ich jetzt habe. Bis die Karten gesperrt waren, sind mindestens zwei Stunden vergangen. Ich bin ganz unglücklich, habe einen Kloß im Hals und gleichzeitig eine irrsinnige Wut, und ohnmächtig fühle ich mich obendrein.

Um Kontakt und Anteilnahme zu verhindern, müsste Marions Freund bei diesem Befindlichkeitsbericht schon einiges an Empfindungslosigkeit und Gleichgültigkeit mobilisieren. Sascha schießt so an Marion vorbei:

> SASCHA: Ach Handtasche, das ist doch nix. Mir haben sie vor ein paar Jahren das Auto geklaut, und da waren außerdem noch meine Papiere und andere Wertsachen drin. Stell dich doch nicht so an!

Kommentar: Es lassen sich immer irgendwelche Details in der eigenen Biografie finden, mit denen die Situation des anderen überboten oder zumindest von ihr abgelenkt werden kann. Sascha ist ein krasser Egozentriker. Die viel näherliegende Reaktion auf spürbar geäußerte Befindlichkeit ist Mitgefühl. Je unmittelbarer und authentischer die eigene Seelenlage, also die *primären* Gefühle gezeigt werden, umso stärker in der Regel die Anteilnahme.

Trainingshinweis: Wut, Ärger und Eifersucht sind sekundäre Aufruhr- und Überschwappungszustände. Ihnen sind primäre Gefühle vorgelagert. Je schärfer die Wahrnehmung für diesen Unterschied, umso klarer lässt sich die Befindlichkeit fassen. Und umso effektiver (weil besonnener) ist die Umsetzung von Befreiungsschritten. Der emotionale Dramamüll fördert nicht die Verbundenheit. Das erleben wir jedes Mal, wenn wir von uns selbst dramatisch wegdriften und in Zuständen landen, in denen wir uns selber nicht wiedererkennen. Wer sich von einem solchen Dramakrampf völlig gepackt fühlt und nun in dieser Situation seine Befindlichkeit äußern will, trainiert am besten, indem er genau beschreibt, wie sich der innere Terror anfühlt. Also nicht in den Terror reingehen, nicht ihn selbst zum Sprechen bringen, sondern darüber sprechen. Dadurch gelingt es, eine Brücke zu sich selbst und zum anderen zu bauen.

So wie es primäre und sekundäre Gefühle gibt, so gibt es genauso primäre und sekundäre Worte. Die primären Worte sind ganz dicht am ursprünglichen, primären Gefühl. Sie offenbaren die eigene, tiefste Innenseite. Dadurch wird beim Gegenüber Verständnis ausgelöst. Sekundäre Worte hingegen kommen aus der eigenen Verletztheit und sind deshalb darauf aus, den anderen ebenfalls zu verletzen. Blöd, weil der arme andere meist nicht für die ursprüngliche Verletzung verantwortlich ist.

Wer hauptsächlich verletzend spricht – sei es nörgelnd, schnaubend, spitz, absichtlich missverstehend, gehässig, überheblich und was es sonst an Kontaktkillern gibt –, mag es anstrengend und *frustrierend* finden, sich auf die primären Hintergründe seiner rachegeladenen Redeweise zu besinnen. Doch es lohnt sich. Denn durch das Wahrnehmen und Aussprechen tieferer Beweggründe löst sich ein alter Schmerz nach dem anderen auf. So wird das Äußern der Befindlichkeit zum attraktiven Trip. Durchhalten befreit mehr und mehr und verspricht überdies Abwechslung!

Wir können diesen Trainingspunkt auch als Zuhörer zur Gesprächsvertiefung nutzen. Laden wir unser Gegenüber von der sekundären Außendrehung zur primären Innendrehung durch folgende Fragen ein:

> Wie geht es dir?
> Was fühlst du genau? Was fühlst du sonst noch?
> Was ist deine Befindlichkeit jetzt?
> Wenn du jetzt in dich reinfühlst, was nimmst du wahr?

Oder anders:

> Wenn du so sprichst, habe ich keine wirkliche Anbindung an dich/an das, was du sagst.
> Wenn jetzt die Stunde der Wahrheit wäre, was würdest du sagen?
> Ich habe ein Störgefühl. Ist es möglich, dass du eigentlich etwas anderes sagen willst?

Oder wir legen uns selbst diese und ähnliche Fragen vor.

Hugo unterwegs zu sich

LOTTI: Na, Hugo, wie geht es dir?
HUGO: Warte mal! Ich will mich erst einmal verlangsamen und mich wirklich auf mich besinnen.
LOTTI: Du fällst also nicht auf meine dich meinende und ernst gemeinte Frage herein.
HUGO: Bei dir habe ich gelernt, wachsam zu sein. Wie es mir geht? Ich freue mich, mit dir zu sprechen. Ich bin froh, dass ich mich immer seltener in meinen Sprechgewohnheiten verheddere.
LOTTI: Wieso macht dich das froh?
HUGO: Weil ich mich insgesamt leichter und beschwingter fühle und weil ich mehr in wirklichem Austausch mit anderen bin. Es ist herrlich.

??? FRAGEN UND ANTWORTEN

Wie erspüre ich, was wirklich in mir vorgeht?
Indem ich nicht sofort losblubbere, sondern stattdessen innehalte und mich frage: »Was motiviert mich jetzt, zum Beispiel diese Geschichte zu erzählen?«

Wenn ich mich ehrlich frage, kann ich mich dann noch anlügen?
Das ist eine unserer Spitzenfähigkeiten.

Merke ich eigentlich, wenn ich mich anlüge?
Alles steht und fällt mit unserer Wachheit. Je wacher ich bin, desto deutlicher merke ich, ob ich mich selbst an der Nase herumführe. Je mehr ich das tue, desto unlauterer bin ich mit meinem Gegenüber. Wie sollten dann Kontakt und Kommunikation möglich sein? Also ist die Ehrlichkeit zu sich selbst der Ausgangspunkt für alles.

Oft traue ich mich nicht, das wirklich Gespürte anzusprechen.
Wie kann ich diesen Mut entwickeln?
In kleinen Schritten. Mit jedem Minierfolg wächst der Mut.

Woran kann ich den Erfolg messen?
An der eigenen inneren Zufriedenheit und dem verbesserten Kontakt zu anderen. Und am wachsenden Mut.

Wenn ich meine gegenwärtige Befindlichkeit erzähle, dränge ich mich dem anderen doch nur auf!
Nein, wie es Ihnen jetzt geht, interessiert wirklich und blättert Ihre Innenseite auf, wodurch Nähe und Kontakt hergestellt sind. Vorausgesetzt, Sie sagen wirklich, wie es Ihnen geht, anstatt eine Jammerplatte aufzulegen.

Jammern ist keine Gefahr mehr für mich, seit ich Ihr Buch *Jammern mit Happy End* gelesen habe. Danke für dieses lustige Buch. Es ist so befreiend.
Bitte.

Noch mal zum Thema »gegenwärtige Befindlichkeit«. Wie ist es, wenn ich sie vor einer Gruppe äußere?
Wenn ich authentisch bin, gehen alle Herzen auf und nicht nur eins.

Ich habe das Gefühl, dann aber zu viel Raum einzunehmen.
Dann ist Ihre alleraktuellste Befindlichkeit die Sorge, zu viel Raum einzunehmen. Wenn Sie genau diese Sorge zur Sprache bringen, stehen Sie wieder zu sich und können erfahren, inwiefern diese Not nur Altlast und in der Gegenwart überflüssiger Ballast ist.

Ist es dem anderen nicht zu nah, wenn ich derart offen und ehrlich bin? Vertreibe ich den anderen nicht, womit dann der Kontakt verschlechtert wird?
Die Gefahr besteht. Und das ist dann kein Verlust, denn es wird ja nur der unterschwellige Kontaktmangel sichtbar, der sowieso da war. Ehrliche Klarheit ist besser als lebenslängliche Drumrumeierei.

Das heißt im Klartext, dass ich Bekannte verliere?
Nicht unbedingt. Es geht nur darum, die Spreu vom Weizen zu trennen. Wer meine Wahrheit nicht verträgt, mit dem passe ich nicht zusammen. Ich entscheide mich lediglich, ob ich Pseudokontakt will und damit meine Zeit verbringe, oder ob ich wirkliche, menschliche Begegnung will. Nur so gewinne ich den Weizen und verliere die Spreu, und das ist der entscheidende Punkt.

Verstehe ich Sie richtig, dass Ihr Kommunikationsmodell darauf hinausläuft, uns froher zu machen?
Ja. Das Ziel ist, froher zu werden. Mehr in der Gegenwart zu leben, mehr Kontakt zu sich und anderen zu haben.

Warum glauben Sie, dass die Sprache der Weg dorthin ist?
Wenn ich mit der Gegenfrage antworten darf: »Wo findet Glücklichsein statt?«, dann werden Sie antworten: in mir, in meinem Denken und meinem Fühlen. Und deshalb sind dies die Ansatzpunkte für unsere Lebensgestaltung und unser Glücksmanagement. Die Sprache ist unser Masterkey, weil wir sie eher beherrschen als unsere Gedanken.

Inwiefern nützt mir das Kommunikationsmodell, wenn es mir schlecht geht?
Innehalten und Ihre Befindlichkeit erspüren und Ihrem Gegenüber mitteilen. Ohne Drama und Beschönigung. Denn dadurch nehmen Sie sich maximal ernst und wahr. Und allein das ist schon Balsam für Ihre Seele.

Könnte ich mit diesem Kommunikationsmodell auch Krankheiten heilen?
Außer Zweifel steht, dass es einen psychosomatischen Zusammenhang gibt. Und je verzweifelter ich bin, umso ungünstiger für die Gesundung. Wenn es gelingt, über das präzise Äußern der Befindlichkeit die Verzweiflung in Schach zu halten oder aufzulösen, wird damit auch das psychomental-somatische Geschehen beeinflusst. Also ein für die Heilung förderlicher Effekt!

Wenn ich in Not bin, meine Befindlichkeit erzähle und der andere reagiert mit seiner eigenen Geschichte, lohnt es sich dann, den anderen darauf aufmerksam zu machen (wenn überhaupt möglich)?
Der Versuch lohnt sich, wenn mir am anderen liegt. Ob der Versuch auf fruchtbaren Boden oder auf karge Wüste fällt, ist außerhalb meines Einflusses.

12 Trainingspunkt

Den Alltag bewältigen und gestalten

> SAG, WAS ANSTEHT – NICHT MEHR, NICHT WENIGER!

... wir danken dem Leben, indem wir es bedenken.
Thomas Mann

Der Alltag ist oft aufdringlich. Um ihn klein zu halten, tauschen wir uns am besten über Gestaltungs- und Bewältigungspunkte aus. Dadurch verhindern wir überflüssige Hirnerei. Es entsteht Spielraum für schönere Freuden.

Beispiele

Mitteilungen wie das Vorhaben, am Nachmittag den Rasen mähen oder die Winterreifen wechseln zu wollen, oder Kurzinfos wie: »Ich rufe heute noch den Schreiner an« oder »Ich gehe gleich zum Bäcker«, können die Alltagsbewältigung geschmeidiger machen. Sie verschaffen unseren privaten oder beruflichen Mitstreitern Klarheit. Die Köpfe bleiben freier. Ein gezielt und kreativ gestalteter Alltag kann eine wahre Freude sein, während das Strudeln in Belangen zermürbt.

Es geht bei diesem Trainingspunkt also »nur« darum, durch ausreichenden (= nicht zu wenig, nicht zu viel!) Informationsfluss die Abwicklung von Anstehendem zu erleichtern. Zur Alltagsbewältigung gehören ebenso längerfristige Planungen oder konstruktive Fantasien, die für die Gestaltung einer »zukünftigen Gegenwart« etwas abwerfen.

Folgende Fragen dienen als *Trainingshinweise*:

> - Teile ich ausreichend mit, was ich zu tun gedenke, getan habe, was ansteht, was sich erledigt hat?
> - Spreche ich mehr über diese Punkte, als für die Alltagsabwicklung nötig wäre? (Alle Ausbreitungen, die über praktische, Kopf entrümpelnde Infos hinausgehen, sind unnötig.)
> - Für den Alltag gilt als Faustregel meist: über Ergebnisse, nicht aber Prozesse sprechen!
> - Vereinfachend ist ferner, klar zu spüren und mitzuteilen, wenn ich irgendetwas nicht machen möchte. Wenn Mutti beispielsweise *weiß*, dass Vati das Badezimmer nicht streichen will und wird, kann sie viel Energie sparen: Sie kann augenblicklich aufhören, ihn zu motivieren und zu erinnern.

Ja, es ist ein riesiges Unterfangen, seine Sprechgewohnheiten zu ändern und dadurch schließlich die Denkgewohnheiten und das ganze Leben zu ändern. Lassen wir uns nicht vom Irrtum *frustrieren*, dass jetzt jegliche Redespontaneität dahin sei. Denn was ist an unseren vollautomatischen Sprechgewohnheiten spontan? Mit der geistigen Präsenz und der bewussten Gestaltung unserer Kommunikation durchbrechen wir solche Gewohnheiten. Was jedoch wahrlich frustriert, ist zu sehen, wie umfassend die Automatismen unseres Denkens, Sprechens und somit Lebens sind. Als *Frustprophylaxe* taugt, sich über Erfolge zu freuen und sich nicht leistungsgeil anzutreiben, noch schneller voranzukommen. Tempo hat schon oft genug zu ungewollten Verlangsamungen geführt.

Hugo im Alltag

LOTTI: Was ist dein größter Erfolg bei diesem Trainingsprogramm?

HUGO: Ich besinne mich jetzt fast immer darauf, nicht zu viel und nicht zu wenig über die Alltagsbewältigung zu sprechen. Für mich heißt das in der Regel: weniger über den Alltagskram zu reden. Und für meine neue Flamme heißt es, mehr darüber zu sprechen.

LOTTI: Ihr übt die Trainingspunkte gemeinsam?

HUGO: Ja. Ich habe sie angesteckt. Ich wusste bisher nicht, wie innig eine Beziehung sein kann. Das verdanke ich dir, Lotti.

??? FRAGEN UND ANTWORTEN

Ist es nicht wichtig, dass ich mich erst der Strudelei hingebe, um alle Gefühle zuzulassen?

Da machen Sie eine Voraussetzung, die ich anzweifle. Dass es nämlich möglich ist, sich in der Alltagsbewältigung abzuhetzen, um so an alle Gefühle zu kommen. Mir scheint umgekehrt wahr zu sein, dass wir uns im Funktionierrödel verheizen, um uns auszuweichen. Hierzu könnten Ihnen Workaholics Bände erzählen, wenn sie nicht gerade so viel zu tun hätten.

Sie sagen, für die Alltagsbewältigung sei es meist sinnvoller, über Ergebnisse, nicht aber über Prozesse zu sprechen. Können Sie hierzu ein Beispiel geben?

Sprechen wir über Ergebnisse und nicht über Prozesse, dann haben alle Beteiligten einen freieren Kopf. Lange Prozessberichte rauben dem Adressaten Energie und Zeit.

Und nun das Beispiel: »Der Schornsteinfeger war da, und alles ist gerichtet und in Ordnung.« Diese Ergebniszusammenfassung könnte als Prozessbericht so lauten: »Heute habe ich gesehen, wie ein Auto kam, und dachte, das kenne ich überhaupt nicht. Und jemand stieg aus und kam zur Tür, und ich dachte, wer kommt denn da? Da war es ungefähr halb zehn. Das war der Schornsteinfeger. Der ist dann aufs Dach, nein erst in den Keller und hat gefragt, was ist denn los mit dem Schornstein? Nachdem er dann alles gereinigt hatte, hat er einen Luftabzugstest gemacht und dann hat er aber zum Glück jemanden dabeigehabt ...«

Gehen Sie bei diesem Trainingspunkt so weit zu sagen, ich solle dem anderen mitteilen, wenn ich mir in der Küche einen Kaffee hole?
Es geht immer um das oberste Kriterium: Kopf frei für alle. Das muss darüber entscheiden, ob ich diese Mitteilung mache oder nicht.

Es gibt also kein Schwarz oder Weiß in diesem Modell?
Exakt.

Das heißt, ich muss immer wach sein?
Ohne sich zu schelten, wenn es nicht gelingt. Und es ist nicht kompliziert. Denn es gibt nur einen einzigen Hauptleitstern, nämlich: Birne frei.

Mich irritiert es, wenn der andere kommentarlos den Raum verlässt.
Irritiert Sie das immer oder nur in bestimmten Situationen?

Immer, sogar wenn es zu 99 Prozent sicher ist, was der andere machen wird.
Dann scheint das Problem nicht in der Uninformiertheit zu liegen, sondern andere Wurzeln zu haben. Darf ich Sie fragen, ob Sie mit dem Thema Verlassen-Werden, unberechenbare Verhaltensweisen oder Abruptheiten anderer ungute Erfahrungen gemacht haben?

Das kenne ich leider nur zu gut.
So sind wir elegant beim Unkraut Ihres Seelengartens gelandet und hätten eine andere Spur weiterzuverfolgen. Aufgabe des Verbalisierens von alltäglichen Handlungen ist es nicht, wunde Punkte anderer lückenlos zu berücksichtigen.

Aber ich kann es am Empfängerende als Hinweis nehmen.
Genau. Jedes Mal wenn ich mich vermeintlich am Verhalten des anderen stoße, stoße ich mich in Wirklichkeit an einem nicht klar erkannten wunden Punkt von mir selbst.

Gilt es dann, Schritt für Schritt die wunden Punkte zu erkennen und zu heilen?
Genau. Die Reihenfolge ist: erkennen, sich stellen, integrieren.

Da fallen mir so viele wunde Punkte ein, dass das ganz uferlos erscheint!
Vielleicht ist es uferlos, aber Sie brauchen ja nicht alles gleichzeitig zu machen. Sie können Punkt für Punkt (Inkarnation für Inkarnation) abarbeiten.

Also sollte ich die Strudelei besser sein lassen, um dichter bei mir zu sein?
Sie können machen, was Sie wollen. Wenn Sie Lust haben, näher bei sich zu sein, dann wäre der Abbau von Strudelei empfehlenswert.

Definition von Strudelei?
Rödeln und hetzen ohne innere Anbindung an den wirklichen Sinn einer Tätigkeit.

13 Trainingspunkt

Quatsch machen, fantasieren, einander necken

> MACH QUATSCH UND SPASS, SO VIEL DU KANNST!

Das ideale Wesen?
Ein vom Humor verwüsteter Engel.
Emil M. Cioran

Hier tut sich ein großer Spielplatz auf! Wenn wir Quatsch machen, fantasieren, mit der Sprache spielen, andere necken, dann sind wir auf der Stelle kreativ und spontan, sind in guter Anbindung an uns selbst und andere. Wir erleben Glück und sind in der Gegenwart. In einem eleganten Rundumschlag und noch dazu auf genüssliche Art lassen sich so alle Ziele dieses Trainings erreichen. Wir machen einfach chronisch, was häufig akute Nebenwirkung der Verliebtheit ist. So könnten wir sogar die Verliebtheit mehr im eigenen Herzen verankern, anstatt am Objekt der Begierde zu kleben ... Wer jedoch meint, das Leben sei viel zu ernst, um diesen Trainingspunkt zu kultivieren, kann sich fragen,

- ob es so ernst ist, weil wir es so ernst sehen, oder
- ob es sich lohnt, die Ernsthaftigkeit des Lebens obendrein noch ernst zu nehmen.

Wer findet, das Leben sei wirklich sehr ernst und sollte auch so genommen werden, müsste Spaß- und Quatschmachen unbedingt vermeiden. Wer sich aber lieber aufs Spaß- und Quatschmachen verlegen möchte, könnte vielleicht folgenden Anregungen etwas abgewinnen.

Beispiele

- Sagen Sie Banales mit gewichtiger Stimme. Etwa: »Ich habe heute die Wäsche gewaschen und gebügelt. Jetzt liegt sie fertig, ganz platt – im Schrank!«
- Machen Sie unpassende Bemerkungen wie: »Wer anderen eine Grube gräbt, braucht selbst mehr Platz« oder: »Morgenstund hat Blei im Knie«.
- Flechten Sie unvermittelt irgendwelche Tierlaute in ein Gespräch ein.
- Machen Sie Späße über sich selbst. Etwa: »Im nächsten Jahr würde ich gerne mal meine Schreibtischplatte sehen.«
- Vermeiden Sie »Sparwitze«. Sie beeinträchtigen Kontakte und Lebensfreude. Sagen Sie über Ihre Gemahlin nicht: »Meine Frau ist sehr sportlich; sie hat's halt in den Beinen und nicht im Kopf!«
- Verlustieren Sie sich in fantasievollen Spinnereien.
- Führen Sie ein Gespräch über die beste Automarke so: »Nach ausführlicher Analyse des phänomenologischen Gehalts, unter besonderer Berücksichtigung der Reifen, musste ich erkennen, dass, rein ontologisch betrachtet, die Finanzierung nicht übersehen werden darf.«
- Kehren Sie Ihre Meinungen ins Gegenteil. Zum Beispiel, wenn man Sie dafür kennt, dass Sie Zucker für Essmüll halten, dann sagen Sie einfach mal: »Ohne Schokolade ist das Leben eine bittere Angelegenheit.«
- Blamieren Sie sich! Nehmen Sie zum Beispiel mit literarisch durchbildeter Stimme Anlauf, um Goethe zu zitieren: »Goethe hat es so formuliert ...« – und dann wissen Sie nicht weiter.
- Entschärfen Sie Situationen durch irrelevante Bemerkungen. Gut geeignet sind absurde Füllsätze als Füllstoff für jedes Gespräch:

»Bügeln ist eine heiße Sache.«
»Das möchte ich erst mit meinem Hund besprechen.«
»Es wäre mal wieder Zeit, mehr Zeit aufzubringen.«
»Spaghetti sind ziemlich lang.«
»Bei genauer Betrachtung sticht es anders ins Auge.«
»Hier ist es nördlicher als im Süden.«
»Mit jedem Morgengrauen graut uns ein neuer Tag.«
»Elektronisch oder digital – das ist die Frage.«

> Übertreiben Sie. Sagen Sie zum Beispiel: »In der Matratze waren mehr Milben als Einwohner in China.«

> Praktizieren Sie das von mir sogenannte Hawaii-Sprechen: Auf Hawaii, wo meine beste Freundin lebt, war ich erstaunt, dass sie anscheinend alle Menschen dort kennt. Es stellte sich heraus, dass es üblich ist, einfach überall miteinander zu sprechen. Dieser hawaiianische Usus ist in unseren Breiten (nicht immer allerdings, aber meistens) ein guter Spaßfaktor. Also Fremde »ganz normal« mit vertrauter Stimme ansprechen, so als kennte man sie schon ewig. Zum Beispiel an der Kasse: »Ich ess keine Butter mehr. Und Sie?«

> Stellen Sie absurde, philosophische Fragen. Zum Beispiel: Wo hört die Unendlichkeit auf? Aus wie viel Teilen besteht das Universum? Wie groß ist der Kosmos? Wann ist die Ewigkeit vorbei?

Kommentar: Klar, jeder hat einen anderen Sinn für Humor. Entscheidend ist nur, dass Spaß und Quatsch weder auf eigene noch auf Kosten anderer gehen. So wird Verstrickung vermieden. Echtes Lachen – also kein zynisches, kein auslachendes, kein ironisches, kein sparwitziges, kein höflich erzwungenes –, totales Lachen kann so ansteckend sein, dass wir im Extremfall mitlachen müssen, ohne den Lachanlass zu kennen. Das beweist, wie sehr Lachen verbindet. Wer so lacht, ist vom Ernst und der Schwere des Lebens schlagartig erlöst und jettet auf der Bewusstseinsskala über 50. Jeder Leidensspuk löst sich im Lachanfall auf und relativiert sich. Es ist vielleicht der Gipfel der Flirtkunst, andere aus ihrem Leid heraus und zur Leichtigkeit hin zu locken. Also den Einzelnen tief verstehen und zugleich noch ernster nehmen als seine leidvolle Situation! Nach dem Motto: »Du bist nicht deine Situation, weshalb zu lachen kein Verbrechen ist.« Wenn wir weder auf eigene Kosten noch die anderer lachen, dann kennt dieser Trainingspunkt *keine Ausnahmen*. Sich im Lachen zu beschränken oder zurückzuhalten ist Gotteslästerung – zumindest stelle ich mir vor, dass ein überzeugender Gott so fühlte. Der einzig denkbare *Frust* bei dieser Übung ist, nicht in den Spaß zu kommen, den Mut zur fantasievollen Spinnerei nicht aufzubringen, das freundliche Necken nicht zu wagen ... Hier gilt dann wieder: Mit kleinen Schritten zu beginnen ist besser, als sich mit großen Ansprüchen zu geißeln.

Als *Trainingshinweise* mögen die folgenden Fragen dienen, die wir uns zum leichteren Einstieg ins Quatschmachen und in die Fantasiererei vorlegen können:

- In welchem Umfeld, mit welchen Menschen, bei welcher Tätigkeit, durch welche Impulse wird meine Fantasie angeregt?
- Wodurch kommen meine kreativen Seiten auf Touren?
- Mit wem kann ich besonders leicht lachen?
- Wie wäre mein Leben, wenn ich es nicht ernst nähme?
- Wie lebte ich, wenn ich alles lustig fände?
- Welche schlimmsten Auswirkungen könnte mein Quatschmachen haben? Sind meine Befürchtungen realistisch?
- Welche Fragen müsste ich stellen und beantworten, um dem Schweren in meinem Leben zu Leibe zu rücken?
- Was machte ich anders, wenn ich Fettnäpfe nicht mehr vermiede, sondern aufsuchte?
- Was verliere ich, wenn ich mein Ansehen verliere? Was gewinne ich?

Und überhaupt: Wenn Sie sich im Quatsch verloren und totgelacht haben, wissen Sie, wer Sie sind.

Hugo neben der Spur

HUGO: Lotti, das ist mein liebster Trainingspunkt.
LOTTI: Wieso?
HUGO: Weil Spaß- und Quatschmachen so unmittelbar erfreuen. Mich und andere.
LOTTI: Und fällt's dir leicht?
HUGO: Ich muss es richtig üben. Oft vergesse ich es einfach.
LOTTI: Wie übst du genau?
HUGO: Am Morgen sage ich mir: »Heute Lachtag!« Ich achte auf das Komische. Davon gibt es viel mehr, als mir bewusst war. Ich sage absurde Sätze mit ernster Stimme.
LOTTI: Gib mal zwei Beispiele.
HUGO: »Wer sich im Kühlschrank verläuft, braucht ein Ticket in die Karibik.« Oder: »In Anbetracht der Tatsache kann ich es nicht außer Acht lassen.«

Lotti lacht.

??? FRAGEN UND ANTWORTEN

Was ist, wenn ich durch meine Quatschmacherei nicht mehr ernst genommen werde?
Eine Antwort liegt in folgender Gegenfrage: Können Sie sicher sein, ernst genommen zu werden, wenn Sie immer ernst, sachlich und seriös sind? Wenn Sie zum Beispiel an den geschäftlichen Bereich denken, so ist doch allgemein bekannt, dass das Gleitmittel zum größeren Geschäft immer in einem guten Kontakt liegt. Und der ist mit Humor leichter zu erreichen als mit weltmännischer Ernsthaftigkeit. Und wenn nicht, dann hatten Sie immerhin Ihren Spaß.

Fühlen andere sich durch mein Quatschmachen nicht verarscht, sodass der Kontakt gestört ist?
Das kommt drauf an, *wie* Sie Spaß machen. Wenn Sie dies auf Kosten anderer machen, dann fühlen diese sich natürlich verletzt. Wenn Ihr Spaßmachen Sie selbst beflügelt, ist es im positiven Sinne meist ansteckend.

Ich kann mir nicht vorstellen, dass ein zwanghaft gemachter Spaß wirklich witzig und damit gegenwartsfördernd ist. Ist das nicht etwas konstruiert?
Da sitze ich mit Ihnen im selben Boot. Ein zwanghaft gemachter Spaß ist nicht witzig. Und auf Befehl zu lachen oder lustig zu sein, gelingt wahrscheinlich noch nicht einmal dem Rheinländer.

Das ist für mich eine Zwickmühle. Einerseits heißt der Trainingspunkt »Quatsch machen, fantasieren, einander necken« – ich will es also bewusst trainieren – und andererseits geht's nicht auf Kommando.
Es geht nicht darum, künstlich zu lachen, wenn mir überhaupt nicht nach Lachen zumute ist. Das wäre ganz gewiss nicht im Sinne dieses Kommunikationsmodells, dem es auf der ganzen Linie um Authentizität geht. Die Absicht bei diesem Trainingspunkt besteht darin, sich im Leichten, im Lustigen, im Absurden, im Quatsch regelrecht einzuüben, *wenn die Stimmung es erlaubt*.

Ich habe aber wirklich Angst davor, mich lächerlich zu machen.
Die Bereitschaft, sich lächerlich zu machen, erfordert wirklich Größe, über die nur die allerwenigsten Menschen verfügen. Wer sich bewusst blamieren kann, ist in der Lage, auf erstaunliche Weise von sich abzusehen.

Ist das Wachstum?
Das ist schon das Ergebnis von Wachstum.

Ich finde diesen Trainingspunkt wirklich erlösend, gerade wenn ich an bestimmte langweilige Gespräche denke, die ich schon geführt habe. Allerdings bin ich kein Spaßvogel und mir fällt einfach nichts Witziges ein. Wie soll mir das also gelingen?
Notfalls können Sie sich ein kleines Repertoire an absurden Äußerungen zulegen. Zum Beispiel: »Können Fritten einsam sein?« Oder: »Was sagt denn die Gehirnforschung dazu?« Oder: »Ich finde, wir sollten das mal allgemein betrachten.«

Und das dann einfach ins Gespräch einfließen lassen?
Am besten im unpassendsten Augenblick und möglichst mit ernster, beinahe wissenschaftlicher Miene.

Wo ist der Unterschied zum zurechtgelegten Spruch (siehe Trainingspunkt 10 »Sprücheklopperei«: »zum Bleistift« statt »zum Beispiel«)?
Ja, die Gefahr besteht, dass Ihr Joke, Ihre absurde Bemerkung zur Stereotype mutiert. Der Gedanke ist, sich solche Bemerkungen zurechtzulegen als Eingleithilfe in den Quatsch und sie dann möglichst unpassend zu positionieren. Das unterscheidet sie deutlich von der Sprücheklopperei.

Weil ich mich bei der Sprücheklopperei damit aufwerten will durch Geistreichtum?
Genau. Hier hingegen suche ich den Fettnapf, anstatt ihn zu vermeiden. »Fettnapf her! Ich komme!«

Gibt es neben diesen Bemerkungen noch andere Strategien, in den Spaß zu kommen?
Ja, es gibt viele Wege. Das Komische lebt davon, dass Ungewolltes, Unbeabsichtigtes in die sogenannte normale Wirklichkeit eindringt. Das bedeutet, immer wenn Sie von der normalen Wirklichkeit abweichen und ein unerwartetes Element einbringen – in gutartiger Absicht –, entsteht Komik. Zum Beispiel, wenn Sie singen, wo nur gesprochen wird, wenn Sie Tierlaute machen, wo gepflegte Konversation betrieben wird, wenn Sie plötzlich in ausländische Akzente verfallen oder eine überraschend andere Wichtigkeitsnote anschlagen, indem Sie bei-

spielsweise fragen: »Was ist der erkenntnistheoretische Gehalt dieser Suppe?« Hauptsache, es passt nicht. Weitere Anregungen finden Sie in meinem Buch *Spielverderber des Glücks*. Wenn Sie sich »eingearbeitet« haben, wird es Ihnen leichtfallen, sich immer öfter zu ver-rücken.

Ich kann mir nicht vorstellen, diesen Punkt mit meinen »alten« Freunden zu üben. Empfehlen Sie, dies vor allen Dingen mit fremden Menschen auszuprobieren?
Ich würde es mit so vielen Menschen wie möglich machen, weil jeder Spaß, mit wem auch immer, sich gelohnt hat und ein kleines Licht im Alltag darstellt.

Mir ist es wirklich peinlich, aus dem Rahmen zu fallen, was ich ja tue, sobald ich diesen Punkt umsetze. Haben Sie da einen Tipp für mich?
Durchatmen und beobachten, ob es wirklich so schlimm ist.

Denn für die anderen könnte es ja auch eine Erlösung sein?
Ja.

Woran merke ich das?
Am Lachen, an der Lebendigkeit, an der Freude, an der Sympathie. Kontakte sind weniger klinisch und dafür inniger und fröhlicher.

Gelingt Ihnen das immer?
Immer sicher nicht, aber ich finde mich nicht schlecht.

14 Trainingspunkt

Sich dem Wesentlichen durch gedankliche Vertiefung öffnen

> PHILOSOPHIERE DICH IN
> DIE EXISTENZIELLE
> GEBORGENHEIT HINEIN!

Wir stehen vor der Schwierigkeit, die Weisheit zu erreichen, die wir bereits haben.
Stephen R. Covey

Da geht es schon los: Was ist das Wesentliche, was gedankliche Vertiefung? Und wie vollzieht sich das Öffnen durch gedankliche Vertiefung? Wie sprechen wir miteinander darüber? Kurz geantwortet: Das Wesentliche, Eigentliche, das, was dem Leben Sinn gibt, es trägt, es ermöglicht, ist naheliegenderweise das, was unser Wesen ausmacht, was uns als Menschen auszeichnet. Also das, wodurch wir über uns hinauswachsen, aber nicht das, was uns unter unsere Möglichkeiten zieht. Was genau ist der so definierte »Hochberuf« des Menschen? Meinem Verständnis nach liegt er darin, dass wir dem Wesentlichen dienen. Mit dem ziemlich verpönten Wort »dienen« meine ich, dass wir uns an das Wesentliche hingeben, verschenken, verschwenden, voll einsetzen dafür – und zwar mit dem Maximum unserer jeweils individuellen Fähigkeiten.
Eine Möglichkeit, sich dem zu öffnen, was uns als Menschen auszeichnet, ist die gedankliche Vertiefung. Es geht also nicht um Wissenserweiterung, sondern eher darum, dass wir die Oberflächen des Offensichtlichen durchdringen, um am rational gerade noch erschließbaren Rand des sich entziehenden Seins aufzublühen. Gedankliche Vertiefung heißt also:

- Wir betreten gedanklich Wege, die wir bisher nicht gegangen sind. Wir erschließen Neuland für uns. Dieses Neuland führt uns in die Tiefe, eben zum Wesentlichen, anstatt lediglich unsere Wissenskonserve zu füllen.
- Die gedankliche Vertiefung ändert uns, weil sie uns über uns hinausträgt.
- In der gedanklichen Vertiefung stehen wir dem Leben, dem Sein als Ganzem gegenüber, anstatt uns in einem Detail zu verlieren.
- Die geistige Vertiefung ruft uns so zu uns selbst auf.

Durch die Qualität der geistigen Vertiefung ist bereits die Weise des Sprechens aus ihr (oder auch über sie) vorgezeichnet: Es ist ein besonnenes Sprechen, dem es darauf ankommt, im behutsamen Ertasten des gedanklichen Neulands eine Verständigung zu erzielen, die »ganz außerhalb aller Rechthaberei, allen Meinens, Diskutierens, auch außerhalb der Übereilung eines leeren Scharfsinns« liegt, um mit Heidegger zu sprechen.[*] Besonnenheit, Behutsamkeit sowie tastende Fragen sind – wie sich leicht nachfühlen lässt – bereits die Merkmale geistiger Offenheit. Diese Offenheit führt uns aus dem Schutzbereich unserer mentalen Einbauschränke heraus – wir verlassen die vertraute Welt des Seienden, um uns dem ungeheuren, weiten Raum einer existenziellen Geborgenheit zu nähern.

Und wie soll das ganz konkret gelingen? Hier ein paar *Trainingshinweise*. Erstens dadurch, dass wir Vordenkern besonnen folgen, zum Beispiel anhand der Lektüre großer Philosophen. Zweitens, indem wir uns über wesentliche Fragen austauschen. Drittens durch den Besuch von Seminaren, die sich mit dem Wesentlichen befassen.[**]

Die *Frustprophylaxe* liegt in der Erkenntnis, dass es wirklich eine der größten Herausforderungen ist, sich dieser geistigen Vertiefung

---

[*] Martin Heidegger: *Was ist Metaphysik?* Frankfurt/M.: Vittorio Klostermann 1943, S. 49

[**] Oder viertens, indem Sie sich zu meinem sporadisch stattfindenden »Offenen philosophischen Zirkel« gesellen. Mailen Sie mir, um den jeweils nächsten Termin zu erfahren: info@ute-lauterbach.de

vollständig zu überlassen, also aufzuhören, sich an seinen Meinungsrestposten festzuhalten. Geduld mit sich selbst ist angesagt! Der Gewinn ist dafür kolossal: Tiefe menschliche Begegnung wird möglich, weil sich nicht mehr Meinungen miteinander streitend oder bestätigend unterhaken. In dieser Art von Kontakt berührt uns stattdessen ein Darüberhinaus auf dem Weg des gedanklichen Abenteuers schlechthin.

Die geistige Vertiefung wird nicht von einem »Denken« des Meinens oder Glaubens bestimmt, sondern bleibt – so wie es die Philosophie immer schon gefordert hat – in den Grenzen der Rationalität. Arno Anzenbacher fasst diese überlieferte Definition von Philosophie so in Worte: »Philosophie versteht sich als Vernunftwissenschaft. Ihr Fragen nach den Bedingungen der Möglichkeit des Ganzen der Erfahrungswirklichkeit ... vollzieht sich ausschließlich als Anstrengung der menschlichen Vernunft.« Daraus folgt, »dass alle ihre Aussagen vernünftig sind, dass also jedes Vernunftwesen (jeder Mensch) wüsste, dass und warum diese Aussagen Stringenz beanspruchen.«[*]

Hugos Reise

LOTTI: Was ist der Sinn deines Lebens?
HUGO: Du fragst viel. Ich hätte viele Antworten. Sie scheinen mir alle ungewiss.
LOTTI: Ich möchte sie trotzdem hören. Oder wenigstens drei.
HUGO: Der Sinn meines Lebens ist, einfach nur zu leben. Oder: inneren Frieden zu finden. Oder: einen Beitrag zu leisten. Oder: mir nichts nachzutragen. Und was ist für dich der Sinn?

---

[*] Arno Anzenbacher: *Einführung in die Philosophie*, Freiburg: Herder, 6. Aufl. 2002, S. 30 und S. 37

LOTTI: Nach einem freien Kopf und einem weiten Herzen zu streben.
HUGO: Ach, deshalb dieses Kommunikationsmodell.
LOTTI: Ja, genau!
HUGO: Dann bin ich gut unterwegs.

??? FRAGEN UND ANTWORTEN

Für mich kann etwas anderes wesentlich sein als für andere.
Das ist gut möglich! Im Gespräch können Sie unterschiedliche Wesenstiefen erreichen. Indirekt habe ich bereits die Definition von Wesentlichem gegeben, nämlich: was uns geistig und seelisch nährt. Ein anderes Merkmal des Wesentlichen ist, dass wir damit immer unseren Horizont erweitern.

Also brauche ich zum wesentlichen Gedankenaustausch Gleichgesinnte?
Entweder Gleichgesinnte oder Vorreiter, die mich entsprechend nähren und ziehen können.

Sie sagen: »Die geistige Vertiefung ruft uns zu uns selbst auf.« Wie meinen Sie das?
Vertiefung verstehe ich als Gegenbewegung zur Veräußerlichung. Im Streben nach außen kommen wir von uns weg. Die gedankliche Vertiefung erfordert hundertprozentige Konzentration und damit Präsenz und Wachheit. Dadurch wird die Innendrehung akzentuiert. Je stärker die Innendrehung, desto mehr kommen wir zu uns selbst.

Was ist Innendrehung?
Die Innendrehung darf nicht verwechselt werden mit Egozentrik und mit dem Strudeln in eigenen Belangen. Sie meint das Abziehen der geistigen Kräfte von allen äußeren Dingen, um sie für die Erschließung innerer und geistiger Welten zur Verfügung zu haben.

Sehen Sie eine Verhaftung mit äußeren, weltlichen Dingen als kritisch?
Sie wird in der Sekunde kritisch, wo wir uns in das äußere Zeug verstricken und uns mehr für das Äußere engagieren, als unserem Seelenfrieden zuträglich ist. Mit anderen Worten: Zu wenig materielle Dinge zu haben, ist genauso ungünstig wie zu viel. Und die individuell verschieden richtige Menge definiere ich so: Es ist gut, genau so viel zu haben, wie für die Verwirklichung der besten Möglichkeiten erforderlich ist.*

Was meinen Sie mit »besten Möglichkeiten«?
»Die beste Möglichkeit« verstehe ich als die Aufgabe, die ein Mensch in dieser Welt erfüllen kann, einerlei, ob hinter der Käsetheke oder als Gehirnchirurg.

Glauben Sie daran, dass diese Aufgabe für jeden vorbestimmt ist?
Nein, nicht unbedingt. Ich glaube vielmehr, dass jeder Mensch ein unterschiedliches Fähigkeitsspektrum und -niveau hat. Im Rahmen dieser Fähigkeiten sein Bestes zu geben, heißt, seine Berufung zu erfüllen.
Wenn wir wiederholt scheitern, so können wir das als Korrektur unseres Selbstbildes begreifen, um unsere wirkliche Berufung schärfer zu fassen. So wird das Scheitern zur großartigen Gelegenheit.**

Wer sind wir selbst?
Fragen Sie das allen Ernstes?

Ja!
Wir sind das, was von uns übrig bleibt, wenn wir uns kaputtgelacht haben. Wir sind diejenigen, die ihre Gedanken wahrnehmen, anstatt mit ihren Gedanken identifiziert zu sein. Wir sind sozusagen niemand.

---

* Wer die Frage »Wie viel weniger ist mehr?« ergründen möchte, dem empfehle ich mein gleichnamiges Buch.
** Ausführlich gehe ich in meinem Buch *Lässig scheitern* auf diese Korrekturhilfe ein.

Das Kriterium ist also immer und bei allem die Erfüllung.
Ja, Erfüllung, Lebendigkeit, Jubilieren des Herzens, das Lachen des Geistes, das Aufblitzen von Glück und Sinn.

Die gedankliche Vertiefung ist hierfür nur ein möglicher Zugang von vielen?
Die gedankliche Vertiefung ist nur ein netter Zubringer von etlichen anderen. Wenn Sie nach einem einzigen, über allem stehenden Zubringer fragen, dann könnten wir als Dachbegriff vielleicht von Kontemplation, wesenhaftem Denken, intimem Erkennen, von unmittelbarem Erkennen sprechen.

Was ist das ganz genau?
Es ist das Bewusstsein, das sich sich selbst zuwendet. Es ist der Geist in seiner Unmittelbarkeit. Es ist, das Äußerste um seiner selbst willen zu wollen, es ist dieses Wollen zu wollen und sonst nichts.

Ist das nicht was für Fortgeschrittene?
Zum einen könnten wir das so denken. Deshalb können die Anfänger es ja noch mit der gedanklichen Vertiefung halten. Und zum anderen ist es genau die Erfahrung, die jeder Mensch kennt, wenn er plötzlich unbegreiflich und grundlos im schönen Augenblick sich selber abhandenkommt. Sei es, dass er sich kaputtlacht, bedingungslos liebt, von einem unglaublich schönen Sonnenaufgang überrascht wird oder sich im kreativen Schaffen gänzlich verjubelt.

Sie haben gesagt, der Leitstern sei, den Kopf frei zu haben. Inwiefern ist mein Kopf bei diesem Denken frei?
Insofern, als ich nichts sonst denken kann. Ich kann nicht den großen Philosophen gedanklich nachsteigen und parallel meine Steuererklärung machen.

Aber mit dem Kerngedanken habe ich ja einen Gedanken.
Dies ist kein persönlicher, sondern ein überpersönlicher Gedanke, der über mich hinausgeht. Mit diesem übersteige und transzendiere ich mich. Dieses Sich-Übersteigen ist das, was wir als Glück erleben, als Kontemplation als Befreiung von uns selbst und somit sogar als Vorstufe des freien Kopfes.

Ich habe es bei solchen Austauschen schon einmal erlebt, dass alle ganz ruhig wurden. Was bleibt dann im Sinne dieses Kommunikationsmodells noch zu sagen?

Im Sinne des Kommunikationsmodells ist dann der Übergang von äußerer Verständigung zu innerer Verständigung vollzogen. Vielleicht der Weg von der Kommunikation zur Kommunion.

Womit das Kommunikationsmodell seinen Zweck erfüllt hat?
Womit es seinen Zweck erfüllt hat. Im gemeinsamen Lachen und in der wesenhaften Verbundenheit muss kein Text mehr sein.

Philosophisches Hinterstübchen

Das Sein steht nie von uns ab, weil es das ist, worin wir versetzt sind.
Martin Heidegger

Das Sein – eine notwendige Erfindung?

Wir unterscheiden in traditionskonformer, philosophischer Manier zwischen dem Sein und dem Seienden und halten Wesensmerkmale beider anhand folgender Übersicht auseinander:

Wesensmerkmale des Seienden	Wesensmerkmale des Seins
nicht wesenhaftes Denken (mit befangenem Kopf)	wesenhaftes Denken (mit freiem Kopf)
Vergänglichkeit	Zeitlosigkeit/Gegenwart
Bastelsinn	eigentlicher Sinn
Egozentrik	volles Erleben
Verdrängung/Flucht/Sucht	Bei-sich-Sein/Außer-sich-Sein
Unfreiheit/Verstrickung/Identifikation	Freiheit/Unverstricktheit

Getrenntsein	Verbundensein
Glück als Behagen (Glücks-Pech-Wippe)	Glückseligkeit als existenzielles Wohlbefinden
das Relative/die Vielheit	das Absolute/das Eine
Festhalten/Verbissenheit/Rödeln/Funktionieren	Loslassen/Spiel/Gestalten
Wahrnehmen/Urteilen	Innehalten/Gewahrwerden
Ego	Selbst

Können wir sicher sein, dass das Sein nicht einfach nur eine konstruierte Hinterwelt des Seienden ist? Gibt es das Sein, das Absolute, das Selbst usw. unabhängig von irgendeinem Seienden? Ist die vergängliche Welt des Seienden vielleicht einfach so trostlos, so sinnlos, dass Philosophen sich darangemacht haben, ein Sein zu erfinden, damit der Wüstenwind vergänglicher Willkür-Machenschaften abgepuffert wird?

Gott hatte es spätestens seit Feuerbach und Nietzsche schwerer – da kam ein unpersönlicher Ersatz in Mode: das Sein, das Nirwana. Ist das so? Denkbar wäre dieser raffinierte Dreher schon. Zumal uns klar ist, dass wir heimtückischerweise das Sein gar nicht denken können (und dürfen), denn genau dadurch machen wir es zu einem Gegenstand, zu einem Seienden. Das aber bedeutet, das Sein bleibt quasi immun, unberührbar in der Deckung; es bleibt vor uns versteckt. Müssen wir also genauso an das Sein glauben wie an einen lieben Gott? Wenn dem so wäre, könnten wir uns diese weitere Pirouette im Unmündigkeitstheater sparen.

So leicht lässt uns die Philosophie jedoch nicht entkommen. In der Tat können wir das Sein nicht im üblichen, alltäglichen Sinne denken und darüber sprechen, ohne es zu vergegenständlichen und so zu etwas Seiendem zu machen. Der »Zugang« zum Sein sei ein anderer, weiß die Philosophie. Diesen Zugang gilt es zu begreifen, zu erleben und empirisch einzusacken – nur dann könnten wir wirklich sicher sein, dass das Sein keine Erfindung ist.

Der »Zugang« zum Sein

Das Wort »Zugang« muss in Anführungsstrichen stehen, weil das Sein nicht als ein ferner, separater Zusatzraum definiert wird, den wir auf geschickte Art betreten können. Es wird vielmehr als das alles Hervorbringende, Durchdringende, uns Einbegreifende gedacht, zu dem es unmöglich ist, einen Abstand zu haben und somit eben auch keinen Zugang. Gerade diese Vorstellung vom Sein müsste uns skeptisch machen, denn wenn es uns so nah wäre, uns gleichsam trüge, müsste es doch auch das Greifbarste und Erlebbarste schlechthin sein. Das ist es auch, sagt die Philosophie, wenn wir uns nur auf eine andere Art des Ergreifens und Erlebens verstünden. Lassen wir uns einmal großzügig auf diese anderen Arten ein: Bonaventura (1221–1274) unterscheidet drei Augen der Erkenntnis: »das Auge des Fleisches«, mit dem wir die äußere Welt des Raumes, der Zeit und der Dinge wahrnehmen; »das Auge der Vernunft«, das uns Zugang zur Philosophie, zur Logik und zum Geist selbst verschafft; und »das Auge der Kontemplation«, das uns zur Erkenntnis transzendenter Wirklichkeit erhebt. Für die Erkenntnis oder Innewerdung des Seins hätten wir uns des Auges der Kontemplation zu bedienen, weil das Fassungsvermögen des Intellekts, also des Auges der Vernunft, zu popelig für das Sein ist. Ein verlässlicher »Zugang« zum Sein steht und fällt jetzt also damit, ob es dieses Auge der Kontemplation gibt und wie es funktioniert.
Zur Verdeutlichung rufen wir Heideggers Unterscheidung zwischen dem wesenhaften Denken und dem nicht wesenhaften Denken auf den Plan. Analog der Kontemplation ließe sich das wesenhafte Denken als ein solches verstehen, das dem Gedachten nichts davorstellt, es also nicht durch Gedanken zustellt, sondern es einfach so stehen lässt. Anders formuliert: Beim wesenhaften Denken wird dem Vorgestellten, dem Gedachten, dem Eindruck im Bewusstsein nichts, aber auch gar nichts hinzugefügt. Das wesenhafte Denken bleibt ur-

sprünglich oder anfänglich; es ist nicht vorverständnisbedingt. Noch anders formuliert: Es ergreift den Gegenstand der Kontemplation nicht, sondern lässt sich von ihm ergreifen. Genau dadurch eröffnet sich dem Bewusstsein die Seinserfülltheit des Seienden. Diese Erfahrung bleibt dem Auge der Vernunft, also dem nicht wesenhaften Denken, verschlossen, weil es pausenlos irgendwelche Inhalte verwaltet, jongliert, assoziiert, synthetisiert, analysiert – kurz: Das nicht wesenhafte Denken ist ständig in einer Weise aktiv, die den »Zugang« zum Sein verstellt.

Hier berühren wir eine Erfahrung, die wir alle kennen, nämlich: Je angestrengter wir rumhirnen, umso bescheidener die Ergebnisse. Oder andersherum: Je entspannter wir uns mit etwas beschäftigen, umso produktiver die Einfälle. Heißt das nun, dass wir lediglich für maximale Entspannung zu sorgen hätten – und schwupp sind wir in der Kontemplation, könnten des Seins innewerden und geniale Inspirationen heimfahren? Meiner Beobachtung nach kann die Antwort hier »ja« oder »nein« sein, je nachdem, wie wir »maximale Entspannung« definieren. Und zwar so: *Nein*, wir fahren keine Spitzenintuitionen ein und das Seinserleben bleibt im Nebel, wenn maximale Entspannung ein laues Dösen ist. *Ja*, Sein und geniale Einfälle finden eine Landefläche in unserem Bewusstsein, wenn maximale Entspannung präsentes, inhaltloses Wachsein ist. Wenn wir also den Kopf frei haben und gleichzeitig geistig präsent sind.

So können wir Wittgensteins Aufforderung verstehen: »Denke nicht, schau hin!« Mit anderen Worten: Vergewaltige die Dinge nicht durch Denken, sondern sei schauend für sie wach. Der »Zugang« zum Sein bestünde also in der Kontemplation, im wesenhaften Denken, im freien Kopf bei gleichzeitiger geistiger Präsenz, im wachen Hinschauen, ohne zu denken. Stellt diese Form der Wahrnehmung das Tor zum Sein dar, brauchen wir uns im Interesse der Seinserfahrung nur noch um dieses Tor zu kümmern. Konkret:

1. Wir können uns auf unsere Wachheit besinnen.
2. Wir trainieren sie, indem wir beispielsweise bewusst mit den Inhalten in unserem Kopf umgehen (im Sinne des hier vorgestellten Kommunikationsmodells).

3. Wir eliminieren systematisch, was uns den Kopf zuballert – das kann Unerledigtes im äußeren oder inneren Leben sein.*
4. Wir genießen Texte, die an den Rand des Seins führen, in es verweisen.
5. Wir lassen unsere Hirnerei platzen, indem wir uns ernsthaft in Widersinniges vertiefen.
6. Wir joggen, bis der Kopf frei ist und völlige Wachheit bleibt.
7. Wir sprechen und handeln nur noch in Anbindung an unser Wachsein.

Wenn wir das Tor auf diese Weise pflegen und das Experiment »Wachheit« für – sagen wir – ein Jahr engagiert betreiben, ohne einen Gewinn einzufahren, sei es als überwältigende Seinserfahrung oder mehr Gelassenheit oder genialere Einfälle, dann wären wir wirklich berechtigt, Sein und Tor als Unfug abzutun.

Hugos Erfolg – Jahre später

Seit zwei Jahren lebt Hugo mit Lilly zusammen. Die beiden haben meistens guten Kontakt und viel Spaß in der Gegenwart. Die schönste Liebeserklärung aus Lillys Mund: »Hugo, mit dir kann man so gut reden.« Was hat sich bei Hugo stabil verändert? Er kennt alle Fallen. Er bemerkt fast immer, wenn er in eine hineingerät. Er nimmt sich und sein Gegenüber besser wahr. Er lacht mindestens doppelt so viel wie früher. Und wenn er sich versehentlich in alte Geschichten oder Kommentare zum Offensichtlichen verläuft, spürt er hinterher ganz bewusst, wie schal sich sein Gerede für ihn selbst anfühlt.
Und Hugo hat Lilly und seine Freunde mit dieser anderen Art zu sprechen angesteckt. Sie haben alle einen freieren Kopf und sind zufriedener.

---

* Wie wir mit diesen Posten endgültig fertig werden können, lesen Sie in meinem Buch *Spielverderber des Glücks*.

Alle Trainingspunkte auf einen Blick

- ☹ vermeiden
- ☺ bevorzugen
- ✓ Gewinn

1. **Bei-sich-Sein: Geh dir nicht fremd!**
   - ☹ Mit egozentrischer Inbrunst um sich selbst kreisen
   - ☺ Sich nicht überspringen
   - ✓ Sich selbst und andere mehr lieben können

2. **Neue Sprache: Erkenne und ersetze ungünstige Triggerwörter**
   - ☹ Negative, persönliche Reizwörter
   - ☺ Authentische, andere Formulierungen
   - ✓ Neue und erquickliche neuronale Verschaltungen erwirken

3. **Geschichten erzählen, aber anders: Lass alle irrelevanten Geschichten weg!**
   - ☹ Irrelevante Storys ade! Ego-Dünger
   - ☺ Geschichten mit Bezug zum Thema und Gegenüber
   - ✓ Kontakt, Freude, Austausch, inhaltlicher Nutzen, Raum für Neues

4. **Hintergrund der Kommentare zum Offensichtlichen erspüren: Kommentiere nicht Offensichtliches, sprich Worte erster Wahl!**
   - ☹ Das Offensichtliche braucht keine Vertonung.
   - ☺ Empfindungen hinter dem Kommentar
   - ✓ Raum für Begegnung und Gedanken

5. **Festlegende Äußerungen unter die Lupe nehmen: Red dich nicht fest, sondern frei!**
   - ☹ Einengende Aussagen über sich selbst
   - ☺ Froh- und Zielbotschaften fürs Hirn
   - ✓ Befreiung und Entwicklung

6. **Psychologisieren durch Verständnis ersetzen: Versteh andere mit Kopf *und* Herz!**
   - ☹ Selbstdarstellung beim »Verstehen« anderer
   - ☺ Sich einfühlend zur Verfügung stellen
   - ✓ Nähe und Kontakt in schwierigen Situationen

7. **Nicht über Abwesende auf Kosten anderer sprechen: Sprich über dich, anstatt über Abwesende herzuziehen!**
   - ☹ Anwesende im Rederausch über Abwesende missbrauchen
   - ☺ Kontakt zum jeweiligen Gegenüber erhalten
   - ✓ Dem jeweiligen Gegenüber begegnen

8. **Assoziationen, Wissenskonserve und Meinungskram mit Vorsicht genießen: Sei großzügig im Weglassen von Wissenskram und Meinungen!**
   - ☹ Unerbetene Belehrungen und Meinungen
   - ☺ Gemeinsames Ringen um Orientierung
   - ✓ Erweiternder Austausch

9. **Chatterer, Blogger, Second-Lifer verwandeln sich: Habe den Mut, dein First Life zu wagen!**
   - ☹ Second Life ohne First Life
   - ☺ Second Life als Hinweis fürs First Life
   - ✓ Second Life als Brücke zu besserem First Life

10. **Sprücheklopperei großzügig versenken: Mach keine blöden Sprüche!**
    - ☹ Sprüche, die einer Situation oder einer Person ausweichen
    - ☺ Sprüche, die als Weisheitsbündel Gespräche befruchten
    - ✓ Kontakt und gedankliche Überhöhung

11. Befindlichkeit als Kontakt- und Gegenwartsanker nutzen: Erspüre deine wahre Befindlichkeit und bringe sie zum Ausdruck
    - ☹ Jammern und irreale Schönmalerei
    - ☺ Genau erspüren, was gerade ist
    - ✓ Landung in der Gegenwart sowie bei sich und dem anderen

12. Den Alltag bewältigen und gestalten: Sag, was ansteht – nicht mehr, nicht weniger!
    - ☹ Zu viel Text und zu wenig Text
    - ☺ So sprechen, dass der Kopf ALLER Beteiligten möglichst frei bleibt
    - ✓ Die Alltagsbewältigung nimmt nicht zu viel Energie in Anspruch.

13. Quatsch machen, fantasieren, einander necken: Mach Quatsch und Spaß, so viel du kannst!
    - ☹ Ironie, Sarkasmus, Sparwitze, lachen auf Kosten anderer
    - ☺ Quatsch machen bei jeder tauglichen Gelegenheit
    - ✓ Mehr Lebensfreude, Gesundheit, Relativierung von »Ernstem«

14. Sich dem Wesentlichen durch gedankliche Vertiefung öffnen: Philosophiere dich in die existenzielle Geborgenheit hinein!
    - ☹ Oberflächlichkeit und Außendrehung
    - ☺ Innendrehung und Einkehr
    - ✓ Sinnerfahrung und innerer Frieden

Über die Autorin

Wer war Ute Lauterbach?
- Vor 1988 Studienrätin für Philosophie und Englisch.
- 1988 stieg sie in den philosophisch-therapeutischen Bereich ein. Sie gründete das Institut für psycho-energetische Integration.

Und was ist sie jetzt?
- Leiterin dieses Instituts.
- Waldbewohnerin.
- Philosophin.
- Buchautorin.
- Unsinnsexpertin.
- Schicksalsforscherin.

Was macht Ute Lauterbach?
- Philosophische Seminare über Sein, Sinn und Unsinn.
- Workshops zur psycho-energetischen Integration.
- Workshops und Coachings zum Thema dieses Buchs.
- Coaching/Supervision/Firmen navigieren/Einzel- und Gruppentraining.
- Vorträge im In- und Ausland, TV und Radio.

Was kann sie?
- Rasant schnell Lebensläufe verstehen, Knackpunkte entdecken und Weichen zur Selbstbefreundung stellen.
- Philosophische Themen humorvoll und einfach darstellen.
- Frieden stiften.

Ihr innerstes Anliegen
- Die schönste Erfahrung – die eines ganz freien Kopfes – pflegen und weitergeben. Wir machen sie annähernd, wenn wir uns vollständig kaputtlachen. Oder wenn wir uns im Schönen gänzlich verlieren. Sie geht über das Flow-Erleben hinaus. Vielleicht müssen wir sie beschreiben mit

Begriffen wie Glückseligkeit, Nirwana, Unio mystica, Erleuchtung, ekstatischer Frieden.
> Ute Lauterbachs innerstes Anliegen ist es, die Bahn Richtung Glückseligkeit frei zu machen. Also Gedankenwolken wegschieben. Biografischen Müll entsorgen. Selbstbefreundung fördern. Unsinnspflege. Deshalb schreibt sie Bücher und macht, was sie macht.

Special
> Ute Lauterbach ist bis in feinste Nuancen zu Hause in deutscher und englischer Sprache.
> Inspirierend lebendige Bühnenpräsenz der geistsprühenden Art.
> Darstellerisches Talent und obendrein voller Empathie.

Ihre Bücher
> *Das Zeitbeschaffungs-Buch,* Freibug: Kreuz 2011
> *Wie viel weniger ist mehr? Lebenslust auf den Punkt gebracht,* Freiburg: Herder 2011
> *Lebenskunst auf den Punkt gebracht,* Freiburg: Herder 2010
> *Jammern mit Happy End,* München: Kösel, 2. Aufl. 2011
> *Lässig scheitern. Das Erfolgsprogramm für Lebenskünstler,* München: Kösel, 3. Aufl. 2008
> *Werden Sie Ihr eigener Glückspilot. Ganz und anders leben,* München: dtv 2006
> *LiebesErklärungen. Sterne und Stürme der Liebe. 200 Ansichten und 1000 Fragen,* München: dtv 2005
> *Raus aus dem Gedankenkarussell. Wie Sie leidige Gedanken und Grübelattacken genüsslich ins Leere laufen lassen,* München: Kösel, 6. Aufl. 2008
> *Spielverderber des Glücks. Mit Lust und Leichtigkeit loswerden, was uns am Glücklichsein hindert,* München: Kösel, 7. Aufl. 2008

Ihre CDs
Es gibt 18 Vorträge auf CD, zum Beispiel
- Vom Laberschwall zum Lebenshall
- Wer zuletzt lacht, lacht zu spät
- Projektion? Was ist das?
- Glück und Sein
- Endlich schuldig – endlich frei

Ihre DVDs
- Trennungs(S)HIT, DiaSHOW
- Crazy Wisdom Spots

Wo im Wald?
- Ute Lauterbach
  Institut für psycho-energetische Integration
  Zum Johannistal 1
  D-57610 Altenkirchen
  Fon +49(0)2681-2402 Fax -2405
  E-Mail: info@ute-lauterbach.de
  www.ute-lauterbach.de

Ute Lauterbach bei Kösel

JAMMERN MIT HAPPY END
ISBN 978-3-466-30836-1

LÄSSIG SCHEITERN
Das Erfolgsprogramm für Lebenskünstler
ISBN 978-3-466-30759-3

SPIELVERDERBER DES GLÜCKS
Mit Lust und Leichtigkeit loswerden, was uns am Glücklichsein hindert
ISBN 978-3-466-30543-8

RAUS AUS DEM GEDANKENKARUSSELL
Wie Sie leidige Gedanken und Grübelattacken genüsslich ins Leere laufen lassen
ISBN 978-3-466-30651-0

Erfolgreich kommunizieren

Bernd Görner
WIE MAN MENSCHEN FÜR SICH GEWINNT
Die Kunst, erfolgreich Kontakte zu knüpfen
ISBN 978-3-466-30778-4

Rudi Rhode/Mona Sabine Meis
ICH WEISS, WAS ICH WILL!
Faire Selbstbehauptung in privaten und beruflichen Konflikten
ISBN 978-3-466-30873-6

Barbara Berckhan
JETZT REICHT´S MIR!
Wie Sie Kritik austeilen und einstecken können
ISBN 978-3-466-30858-3

Barbara Berckhan
LEICHT UND LOCKER KOMMUNIZIEREN
So finden Sie eine gemeinsame Wellenlänge
ISBN 978-3-466-30912-2